北京市大兴区产业定位与优势产业发展研究

王关义 / 等著

BEIJINGSHI DAXINGQU
CHANYE DINGWEI YU
YOUSHI CHANYE FAZHAN YANJIU

经济管理出版社
ECONOMY & MANAGEMENT PUBLISHING HOUSE

图书在版编目（CIP）数据

北京市大兴区产业定位与优势产业发展研究/王关义等著. —北京：经济管理出版社，
2016.4
ISBN 978-7-5096-4256-6

Ⅰ.①北…　Ⅱ.①王…　Ⅲ.①产业定位—研究—大兴区 ②优势产业—产业发展—
研究—大兴区　Ⅳ.①F127.13

中国版本图书馆 CIP 数据核字（2016）第 035562 号

组稿编辑：申桂萍
责任编辑：侯春霞
责任印制：黄章平
责任校对：王　淼

出版发行：经济管理出版社
　　　　　（北京市海淀区北蜂窝 8 号中雅大厦 A 座 11 层　100038）
网　　　址：www.E-mp.com.cn
电　　　话：(010) 51915602
印　　　刷：三河市延风印装有限公司
经　　　销：新华书店
开　　　本：720mm×1000mm/16
印　　　张：12
字　　　数：187 千字
版　　　次：2016 年 4 月第 1 版　2016 年 4 月第 1 次印刷
书　　　号：ISBN 978-7-5096-4256-6
定　　　价：58.00 元

北京市第三次全国经济普查招标课题

北京市大兴区产业定位与优势产业发展研究

课题顾问：赵玉洁　高级统计师
　　　　　刘志永　高级统计师

课题主持人：王关义　教授

课题组成员：付海燕　王　亮　何志勇　谢　巍
　　　　　　李　烨　白志楠　刘广泽　吴杰羡
　　　　　　曹　倩　杨　帆　秦　璇　徐　冲
　　　　　　刘　松

前　言

推动经济增长是世界各国和地区政府的重要职责，是社会进步和人民生活质量提高的前提和基础。综合一个国家或地区的自然资源禀赋和具体环境，科学确定产业功能定位，选择重点产业或优先发展产业，采取倾斜式扶持政策是推动国家或地区经济可持续发展的重要途径。

中共十八届五中全会审议通过了《中共中央关于制定国民经济和社会发展第十三个五年规划的建议》，结合我国当前所处的现状和环境，认为我国的发展仍处于可以大有作为的重要战略机遇期。提出要坚持创新发展，在推进理论创新、制度创新、科技创新、文化创新等的基础上，培育发展新动力，优化劳动力、资本、土地、技术、管理等要素配置，激发创新创业活力。要加快构建产业新体系，实施工业强基工程，培育一批战略性产业，实现由粗放型经济增长方式向集约型经济增长方式转变。

近年来，中共中央提出了推动京津冀产业协同发展的要求，理论界要站在国家发展战略的高度，从优化区域产业发展布局、打造新的经济增长极、形成新的经济发展方式的高度，利用经济普查及相关数据，深入分析京津冀产业发展的现状，找出存在的问题，以区域产业协同发展为目标，探讨京津冀区域产业协同发展的建设路径和对策。

大兴区位于北京市南部，全区面积为 1036 平方公里，北部边界距市中心直线距离不足 10 公里。大兴区连接南中轴线，横跨北京东部发展带和西部生态带，独有的地理优势使它成为北京向河北、天津以及华北地区辐射的前沿。大兴区承担着振兴首都二产、建设高技术制造业和战略性新兴产业聚集区的重任，面临着首都第二机场等重大基础设施项目建设以及人流、物流、资金流、信息流高度集聚的重大机遇，境内有北京经济技术开发区和北京生物工程与医药产业基地两大国家级产业园区，是北京重要的现代制造业区域，也是首都未来重点拓展的空间。在京津冀产业协同发展以及北京市域格局中，大兴区处于"联结一轴、横跨两带、关联多中心"的重要战略地位，是北京具有生态特色的宜居新城、现代制造业和文化创意产业的重点培育地区、重要的物流基地和都市型现代农业基地。随着大兴区社会经济发展步伐不断加快，产业结构调整和升级等功能问题不断显现。

《北京市大兴区产业定位与优势产业发展研究》一书是在王关义教授带领的研究团队承担的北京市大兴区第三次全国经济普查招标课题的基础上经过作者进一步整理、研究和思考形成的，课题组经过一年多的辛勤工作，前后整理和处理了大量经济普查获得的数据和资料，多次征询专家意见，几易其稿，凝结着课题组成员和相关专家的心血和智慧，最终完成了课题的研究。全书立足于京津冀产业协同发展的宏观视野，利用大兴区第三次全国经济普查数据及相关资料，在保证数据运用准确的前提下，对经济普查课题进行针对性研究。课题组对大兴区的经济结构现状进行全面分析，基于当前发展中存在的问题，寻找大兴区产业发展过程中的功能定位，研究本区经济特征、重点产业优势以及如何发挥这些优势，探讨适合大兴区产业发展的战略对策。本书的内容包括四个部分：

第一部分：大兴区产业功能问题研究

参与本课题研究的团队成员有王关义、何志勇、李琴、杨帆。本部分基于首都功能定位，结合北京产业空间布局，利用经济普查及相关数据，对大兴区产业发展进行历史回顾和现状分析，深入研究大兴区产业功能定位，并结合自身特点，提出适合大兴区产业发展的具体思路和政策建议，为加快大兴区经济发展和综合竞争能力的提高提供借鉴和决策参考。主要结论如下：

1. 关于大兴区产业功能总体定位

《北京市城市总体规划（2004~2020)》和《促进城市南部地区加快发展行动计划》为大兴区的发展带来了前所未有的动力和机遇，成为北京市产业发展空间布局"两城两带、六高四新"中的"一带"(南部高技术制造业和战略性新兴产业发展带)。大兴区立足发展基础,把握未来发展方向,提出"中部一体、东西两翼、产业集群、城镇组团、生态融合"的发展布局。

按照产业集群的发展思路,大兴区的产业功能定位是引导形成高端、高效、高辐射的十大产业集群,成为首都战略性新兴产业引领区、高技术制造业核心区、体制机制创新先导区和低碳绿色发展示范区。

2. 关于大兴区产业功能具体定位

为形成高端、高效、高辐射的产业体系集群,大兴区将重点发展四大主导产业、三大新兴产业和三大支撑产业,形成十大产业集群的"四三三"发展格局。

(1)巩固提高四大主导产业:①电子信息产业;②生物医药产业;③装备制造产业;④汽车制造产业。

(2)加快培育三大新兴产业:①新能源和新材料产业;②航空航天产业;③文化创意产业。

(3)配套发展三大支撑产业:①生产性服务业;②科技创新服务业;③都市产业。

3. 发展举措

关于大兴区产业规划的配套措施,本研究提出了:

(1)大兴区产业发展举措。包括招商引资政策、产业扶持政策、完善金融服务等。

(2)大兴区产业服务管理举措。包括政府的扶持政策(如提高产业技术创新能力和区域创新能力、努力推动市级层面相关支持与政策突破、努力争取国家层面重大项目与政策支持等)和政府的保障措施(如机构的设置、工商税务的配合等)。

(3)大兴区产业空间发展举措。包括土地资源的集约利用、建立"三区"联动机制。

第二部分:大兴区重点产业发展问题研究

参与本课题研究的团队成员有王关义、王亮、吴杰美、曹倩。产业发展对区域乃至国家经济有着极为重大的影响和作用，为了深入分析大兴区重点产业发展问题，本部分通过对大兴区第三次全国经济普查相关资料进行分析和梳理，立足于大兴区重点产业的发展现状，对大兴区重点产业发展问题进行针对性研究，确定本区经济发展过程中各主要产业的发展顺序及路径，并将调查数据进行集成，形成支撑数据研究的数据分析系统，为有效解决产业发展中面临的问题、科学制定"十三五"发展规划提供决策参考。找出影响大兴区重点产业发展的主要因素，并在借鉴国内外成功经验以及分析大兴区产业发展现状及其产业结构的基础上，研究了大兴区未来发展中的优势产业和重点产业，提出了评价的指标体系和若干对策建议。具体研究内容为：

1. 关于大兴区的优势产业

通过对普查结果的分析，具体排序为：电子信息业、装配制造业、生物工程和医药产业、汽车及交通设备产业、新能源和新材料产业、航空航天产业、文化创意产业、生产性服务业、科技创新服务业、都市产业（含都市农业、都市服务业）。

2. 关于大兴区的主导产业

课题选用产业规模和产业经济效益等指标，采用多指标分析方法确定大兴区主导产业。具体顺序为：①家具制造业；②食品制造业；③印刷和记录媒介复制业；④汽车制造业；⑤石油加工、炼焦和核燃料加工业；⑥纺织服装、服饰业；⑦医药制造业；⑧电气机械和器材制造业。

3. 相关政策建议

在上述分析的基础上，本课题提出以下三个方面的政策建议：一是扩大产业规模，优化产业结构。二是建立创新体系，提高企业竞争力。三是政府在重点产业发展中要起到政策诱导作用，包括：①重视资本运营工作；②完善相应的法律法规，全面建设节约型社会，实现可持续发展；③进行产业链的顶层设计。

本课题的研究成果对于确定大兴区重点产业、制定倾斜式扶持政策、进行宏观产业布局和产业调整、科学制定"十三五"发展规划具有参考作用。

第三部分：大兴区就业人口问题研究

参与本部分研究的团队成员为王关义、付海燕、李烨、吴杰美、秦璇、刘松。经济增长、物价稳定、充分就业与国际收支平衡是宏观经济政策的四大目标。在这四大目标中，经济增长是经济社会发展的首要目标，是创造就业机会、提高人民生活水平的基本前提和物质保证。就业是民生之本，保证就业是经济社会可持续发展的重要前提，人们通过获得工作机会和岗位，从事一种职业，付出劳动，获取经济收入，提高生活质量。研究经济增长与就业两者之间的关系对于促进人口就业和经济发展有着极其重要的作用，也是实现宏观经济平衡发展的必然要求。

国家卫生计生委 2015 年 11 月 11 日发布的《中国流动人口发展报告（2015）》显示，从全国总体情况来看，我国劳动年龄人口开始下降，人口红利达到高峰后开始下降；人力资源红利（指新增劳动力人力资本水平）规模越来越大，全国大专以上学历人口由 2010 年的 1.19 亿人上升至 2013 年的 1.3 亿人，超过世界总人口第 11 位的日本（2014 年日本全国总人口为 1.27 亿人），到 2015 年预计突破 1.5 亿人，也会超过世界总人口排第 10 位的俄罗斯（2014 年俄罗斯全国总人口为 1.4 亿人），净增大专以上学历人口 3000 万人，如果再加上中等职业学校毕业生，净增将超过 3000 万人，他们全部进入就业队伍，将在很大程度上抵消人口红利下降的影响。2015 年 12 月 1 日，中国社科院人口与劳动经济研究所和社会科学文献出版社共同发布《2015 年人口与劳动经济问题绿皮书》，该书预测，到 2035 年，我国劳动力人口将从现有的 9.25 亿人降至 8 亿人以下。

从北京市的情况来看，最新发布的数据显示，截至 2014 年底，全市 60 岁及以上户籍老年人口为 296.7 万人，占总人口的 22.3%，比上一年提高 1.1 个百分点。北京市老龄办编制发布的《北京市 2014 年老年人口信息和老龄事业发展状况报告》显示，本市老年人口较上一年增长 17.4 万人，全市老年抚养系数为 33.3%，比上年增加 1.8 个百分点，这意味着本市 3 名劳动力抚养一位老人。

基于以上宏观背景，本部分研究的主要内容是利用经济普查数据，对经济普查的结果进行深度分析，客观研究大兴区就业结构与产业结构之间的关系，结合大兴区产业结构的优化调整和经济发展趋势，以及大兴区就业人口分布特点与经济发展关系，并借鉴典型城区就业人口管理经验，提出优化大兴区就业结构和提高就业人口管理水平的对策建议，以期为政府主管部门制定"十三五"规划及相关人口和产业政策提供决策参考。

1. 关于大兴区就业人口的特征分析

（1）经济发展带动了就业规模的增加，总体来看大兴区就业人口与经济发展水平呈正相关，但仍存在经济高增长、就业低增长的趋势。

（2）大兴区第一产业的地区生产总值增长率除 2010 年外，呈现逐年增长的趋势，说明大兴区政府重视第一产业发展，并引导第一产业进行战略性调整。但分析第一产业的结构偏离数和相对劳动生产率可以发现，第一产业从业人口基数大，劳动生产率低下，需要进一步进行产业优化。而第一产业从业人口众多也导致大兴区就业结构与产业结构偏离度数值非常大。

（3）北京市从 2010 年开始第二产业的地区生产总值增长率一直是下降的，而大兴区从 2013 年开始增长率不降反升，这体现了大兴区"十二五"规划中作为区域发展支点全面提升高技术制造业和战略性新兴产业的综合实力的战略目标。

（4）大兴区第三产业的地区生产总值增长率基本呈现逐年下降的趋势，但就业增长率在 2011~2013 年一直保持较高的增长水平，表明第三产业成为吸收就业人口的主要途径。

（5）大兴区第二、第三产业的地区生产产值一直保持着较高的增长率，但第二、第三产业的就业增长率波动较大，导致就业弹性的波动也较大。但从大的趋势来看，第三产业存在较强的就业吸纳能力，而第二产业的就业吸纳能力相对较弱。

2. 相关对策与建议

在上述分析的基础上，围绕产业结构的变化，提出了优化大兴区就业结构和提升就业人口管理水平的建议：一是深化第一产业，调整第二产业；二是继续推动传统服务业，大力发展现代服务业；三是大力推动职业教育与培训，提高劳动力素质；四是建立统一的劳动力市场，完善劳动力市场体制。

第四部分：大兴区房地产业发展问题研究

参与本部分研究的团队成员为王关义、谢巍、白志楠、刘硕、徐冲。经过改革开放以来的发展，中国的房地产业也经历了从不成熟到逐渐成熟的发展过程，现在已经成为我国的经济增长点，对经济增长和人民生活条件的改善都做出了贡献。房地产业在自身发展的同时，带动了大量相关产业的繁荣与发展，促进了社区服务、物业管理、房屋中介服务等新兴业态的形成。据投入产出模型测算，每100亿元房地产投资可以诱发国民经济各部门产出286亿元。对于工业化、城市化、国际化与信息化等发展趋势共存并进的中国经济而言，房地产业的主导性地位将是长期存在的。

随着宏观经济环境的向好发展，北京市的房地产投资规模也在不断增加。房地产业是经济活动的基础和载体，与城市化和工业化关系密切，是国民经济的重要组成部分。近10年来房地产业占我国国内总产出的2%~8%，占固定资产投资比重的17%~20%。就北京市而言，房地产业增加值约占地区生产总值的7%，房地产业投资额占全社会固定资产总投资额的比例高达50%以上，房地产销售额约占社会消费品零售总额的47%。可见，房地产拉动经济增长的作用显著，是经济发展的基本支撑点之一。同样，北京市大兴区的房地产市场发展态势在宏观经济向好的大背景下也总体保持稳定。

本部分利用经济普查数据，在详细分析大兴区房地产业发展现状的基础上，系统分析了该区发展房地产业的优劣势，并从问题分析入手，提出了若干建议和对策，以期为政府主管部门制定"十三五"发展规划和相关产业政策提供决策参考。

本部分主要内容如下：

1. 大兴区房地产业发展中出现的问题

（1）房地产业对大兴区经济发展的贡献率降低。

（2）房地产业利润空间日益缩小。

（3）房地产开发经营业发展趋缓。

（4）房地产开发经营业中的住宅投资额降低。

（5）商品房销售面积增长率趋缓。

（6）存量房面积较大。

（7）房地产业的产品结构不均衡。

2.建议与对策

在上述分析的基础上，本课题提出以下六个方面的政策建议：

（1）完善产业布局和配套设施建设，加大宣传力度。

（2）合理引导房地产业健康发展，促进优胜劣汰。

（3）跨产业融合创新发展，吸收优势资源。

（4）加快房地产开发经营业创新和转型，提高竞争力水平。

（5）鼓励"强强联合"减少存量房，促进良性竞争。

（6）优化房地产业人才结构，提高经营管理水平。

《北京市大兴区产业定位与优势产业发展研究》一书的出版对于大兴区委区政府积极把握中央推动京津冀一体化发展带来的机遇，科学确定区内产业功能定位，找准重点产业和有限发展产业，制定"十三五"发展规划和推动重点产业发展的宏观政策可以提供有益的借鉴和参考。另外，本书的成果也能为国内其他城市或地区产业功能定位与发展战略的制定带来一定的启示。

在课题研究以及本书出版过程中，得到了冯建基、刘晓丹、洪云鹏、聂晶、刘广泽以及经济管理出版社编辑的指导和帮助，本书的顺利出版得到了北京市长城学者专项经费资助（项目编号：CIT&TCD20140319)，在此一并致谢。

书中不当之处敬请读者批评指正。

王关义

2015 年 12 月于北京

目　录

大兴区产业功能问题研究

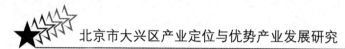

大兴区重点产业发展问题研究

大兴区就业人口问题研究

大兴区房地产业发展问题研究

大兴区产业功能问题研究

第一章 || 大兴区产业发展的历史回顾与现状分析

第一节　基本概况

大兴区地处北京市南部，素有"首都南大门"之称，是北京城南行动计划的核心地带。大兴区承担着振兴首都二产、建设高技术制造业和战略性新兴产业聚集区的重要责任。

大兴区下辖 14 个镇和 6 个街道办事处，土地总面积为 103595.39 公顷，其中农用地为 65775.23 公顷，占土地总面积的 63.49%；建设用地为 33495.58 公顷，占土地总面积的 32.33%；其他土地为 4324.58 公顷，占土地总面积的 4.18%。

第二节　历史回顾

根据大兴区第二、第三次经济普查数据，2013 年末，大兴区第二和第三产业的法人单位资产总量为 6354.0 亿元，比 2008 年末增加了 4466.1 亿元，平均每年增加 47%，高于全市的 17.8%。如图 1-1 所示。

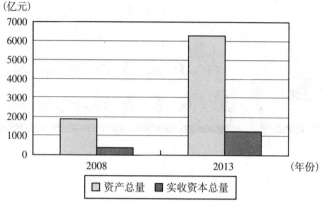

图 1-1　大兴区资产总量和实收资产总量变化情况

2013 年末，大兴区第二和第三产业的法人单位实收资本总量为 1229.4 亿元，比 2008 年末增加了 801.9 亿元，平均每年增加 37.5%，高于全市的 19.5%。如图 1-1 所示。

2008 年大兴区地区生产总值为 213.5 亿元，2013 年地区生产总值为 408.5 亿元，五年间生产总值增加了 195 亿元，年均增加 39 亿元，年均增长率为 18.3%。如图 1-2、表 1-1 所示。

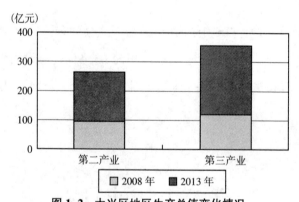

图 1-2　大兴区地区生产总值变化情况

表 1-1　大兴区地区生产总值现状

年份	地区生产总值 (亿元)	第二产业 (亿元)	第二产业比例 (%)	第三产业 (亿元)	第三产业比例 (%)
2008	213.5	94.0	44.0	119.5	56.0
2013	408.5	169.6	41.5	238.9	58.5

第三节　发展特征

一、第二产业发展特征

随着经济规模的快速发展，2013 年末第二产业资产总量为 1515.6 亿元，比 2008 年末增加 887.9 亿元，平均每年增加速度为 28.3%。具体分析来看，2013 年制造业资产总量为 1119.6 亿元，建筑业资产总量为 386.7 亿元，电力、燃气及水的生产和供应业资产总量为 10.8 亿元，与 2008 年末相比，分别增加了 634.8 亿元、251.8 亿元和 2.9 亿元，年均增长率分别为 26.2%、37.3% 和 7.3%。如图 1-3 所示。

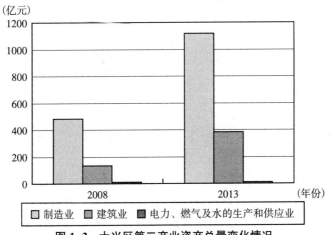

图 1-3　大兴区第二产业资产总量变化情况

据统计，第二产业包括工业和建筑业，2008 年这两个行业的地区生产总值分别为 76.8 亿元和 17.2 亿元，2013 年分别为 137 亿元和 32.6 亿元，五年内分别增加了 60.2 亿元和 15.4 亿元，年均增长率分别为 15.7% 和 17.9%。如图 1-4 所示。

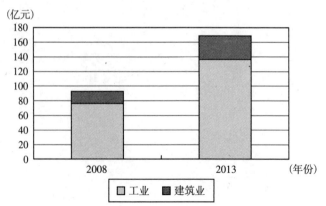

图1-4　大兴区第二产业地区生产总值变化情况

二、第三产业发展特征

随着经济的快速发展，第三产业所占比重逐渐增加，2013年末第三产业资产总量占全部资产的76.1%，而2008年末第三产业资产总量所占比例为66.8%。如图1-5所示。

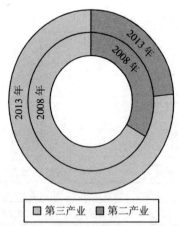

图1-5　大兴区第二、第三产业资产总量所占比例变化情况

2013年末，第三产业资产总量为4838.4亿元，比2008年末增加了3578.2亿元，平均每年的增长速度为56.8%。

第二章 ‖ 大兴区产业功能定位与提升

根据北京市"十二五"规划和北京城市总体规划的功能定位，大兴区将优先发展现代服务业、加快发展现代制造业、着力培育文化创意产业、大力发展都市型现代农业。

第一节 大兴区产业功能总体定位

《北京市城市总体规划（2004~2020 年)》和《促进城市南部地区加快发展行动计划》为大兴区的发展带来了前所未有的动力和机遇，成为北京市产业发展空间布局"两城两带、六高四新"中的"一带"(南部高技术制造业和战略性新兴产业发展带)。大兴区立足发展基础，把握未来发展方向，提出"中部一体、东西两翼、产业集群、城镇组团、生态融合"的发展布局。

按照产业集群的发展思路，大兴区的产业功能定位是引导形成高端、高效、高辐射的十大产业集群，成为首都战略性新兴产业引领区、高技术制造业核心区、体制机制创新先导区和低碳绿色发展示范区。

第二节 大兴区产业功能具体定位

为形成高端、高效、高辐射的产业体系集群，大兴区将重点发展四大主导产业、三大新兴产业和三大支撑产业，形成十大产业集群的"四三三"发展格局。

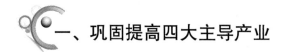一、巩固提高四大主导产业

1. 电子信息产业

大兴区是电子信息产业从业人员非常集中的地区，生产与市场营销方面较为突出，是国际核心制造产业基地。2013 年，大兴区规模以上电子信息产业完成工业总产值 58404 万元，年均增长率为 17.4%，实现利润总额 5622 万元；2012 年完成工业总产值 49747 万元，年均增长率为 40.7%，实现税金总额 899 亿元。如表 2-1 所示。

表 2-1 大兴区规模以上电子信息产业主要经济指标

年份	2011	2012	2013
工业总产值（万元）	35352	49747	58404
增长率（%）		40.7	17.4
企业单位数（家）	4	6	6
亏损企业数（家）	1	1	2

结合产业特点及未来发展趋势，应重点发展移动通信、数字电视、集成电路，提升高新技术产业发展水平，积极培育发展物联网、智能电网和新一代互联网等新兴行业，建设成为具有全球竞争力的高端电子信息产业基地。形成以移动通信、网络通信、数字电视、集成电路、电子计算机、物联网、云计算等为多极支撑的、软硬联动的新型电子信息产业格局。

2. 生物医药产业

自 2010 年以来，在生物医药产业园区效应的带动下，医药制造业已发展为大兴工业的亮点行业。2013 年，医药制造业完成工业总产值 397054 万元，"十二五"前三年年均增长 44.2%，到 2013 年，其产值在全部规模以上工业 29 个行业中的占比达到 6.3%，比 2010 年增加 3 个百分点，由"十一五"末期的第十二位上升到目前的第五位。2013 年，医药制造业实现税金 3.4 亿元，比 2010 年增长 1.4 倍，"十二五"前三年年均增长 34.4%。税金占比达到 11.3%，比 2010 年提高 3.8 个百分点，在大兴区工业 29 个行业中居第二位；实现利润总额 5.7 亿元，其主营业务收入利润率高达 15.8%，高于全区规模以上工业 9.9 个百分点；万元产值税金贡献高达 846 元，高于大兴区规模以上工业平均水平 379 元。

表 2-2 大兴区规模以上生物医药产业主要经济指标

年份	2011	2012	2013
工业总产值（万元）	240309	281584	397054
增长率（%）		17.2	41.0
企业单位数（家）	4	19	21
亏损企业数（家）	2	3	2

由表 2-2 可以看出，大兴区生物医药产业发展总体态势良好，年增长率较高，产值在全区工业行业的占比较大，属于需要重点发展的主导行业。具体来说，就是要围绕专利、商标、标准、高新技术认定，鼓励并引导企业搭建科技创新平台，加强对科技的管理和投入，提升科技创新能力，坚持研发创新、高端制造和流通服务并进。以中药和天然药物、生物技术、化学制药为核心领域，以创新、制造、流通和服务为产业环节，打造共性服务体系、生物工程与医药产业专业服务体系，创造良好的整体产业环境。

3. 装备制造产业

自 2010 年以来，由于区域发展规划及经济结构优化导向的影响，与汽车及医药行业等发展迅猛的行业相比，通用设备制造业增长进入稳步发展的阶段。虽然生产增速放缓，但其在大兴区规模以上工业中的地位依然很高，2013年，装备制造业工业总产值达到1489755万元（见表2-3），通用设备制造业完成工业总产值55.9亿元，以8.8%的占比位居第二。实现利润总额3.4亿元，"十二五"前三年年均增长14.2%，高于大兴区平均水平4.4个百分点。

表2-3 大兴区规模以上装备制造产业主要经济指标

年份	2011	2012	2013
工业总产值（万元）	1079533	1361985	1489755
增长率（%）		26.2	9.4
企业单位数（家）	135	145	128
亏损企业数（家）	12	22	20

值得关注的问题是亏损企业占比较大，应根据新时期的特点，积极推进装备制造产业集聚，完善配套体系，着力推进跨区域产业互动，打造面向战略性新兴产业、城市化与民生发展的高端装备制造体系，定位成为中国"高端化、特色化、协同化"的装备制造产业聚集区。

交通运输设备、通用专用设备、电器机械制造、仪器仪表作为高端装备制造业的重要领域，已经成为带动大兴区产业升级的重要引擎，成为其他战略性新兴产业发展的重要支撑。

4. 汽车制造产业

随着大兴区产业结构调整进程的深入推进，全区汽车制造及交通设备业已取得长足发展，增速一直高于全区增速，成为大兴区规模以上工业第一大行业，对规模以上工业的拉动作用越来越显著。

表2-4 大兴区规模以上汽车及交通设备产业主要经济指标

年份	2011	2012	2013
工业总产值（万元）	592182	831051	1172615
增长率（%）		40.3	41.1
企业单位数（家）	26	33	28
亏损企业数（家）	5	6	5

从产值上看（见表2-4），汽车制造及交通设备业增长率较高且较为稳定，可以看出大兴区汽车制造及交通设备业对全区工业的拉动作用显著。但还有一些问题需要关注，如亏损企业占比较大，盈利状况堪忧，新的增长点亟待挖掘，盈利能力有待加强。虽然汽车制造及交通设备业近年来发展比较迅猛，但企业数量少且缺少大企业，相对于全市来说并不具备优势，企业聚集效应仍未显现，仍需加强。

根据大兴区汽车制造及交通设备业起步较晚、缺少大规模企业带动、整车制造企业发展缓慢、处于产业下游的企业发展受限以及产业园区尚未完全发挥预期效应等特点，仍需做好以下几项工作：一是提供政策扶持，加大产品研发力度，积极推动汽车关键零部件产业化进程，形成具有国际竞争力的零部件供应商；二是顺应国际市场发展，响应国家决策层号召，继续大力发展新能源汽车，认真研究市场，用好用活政策，开发出适应各种需求的产品，使之成为大兴区工业的一个强劲增长点；三是进一步挖掘汽车产业园的优势，充分用足土地资源和优惠政策，吸引"高精尖"的汽车制造及交通设备业企业入驻大兴。

通过以上分析可以看出，在四大主导产业中，装备制造业总产值最高，汽车及交通设备产业、生物工程和医药产业次之，电子信息产业最少（见图2-1）。而在工业总产值增长率方面，汽车及交通设备产业增速较高且平稳，生物工程和

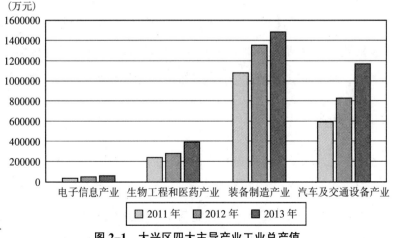

图2-1　大兴区四大主导产业工业总产值

医药产业高速增长，电子信息产业及装备制造业增速下降较为严重。

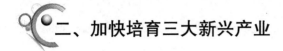二、加快培育三大新兴产业

1. 新能源和新材料产业

新能源和新材料产业是高新技术与产业发展的基础性与先导性行业，也是应重点培育的新兴主导产业，在"十二五"规划的支持下，该产业前景光明。大兴区要着眼于北京建设世界城市和调整能源结构的战略选择，发挥首都新能源产业技术研发、高端装备制造、技术服务等方面的领先优势，大力发展具有绿色理念、低碳特征的新能源和可再生能源，这是优化能源消费结构、推进区域节能减排工作的有效途径。

2. 航空航天产业

大兴区的航空航天产业要坚持以具有行业优势和特色的军民结合高技术产业为发展主线，大力推进军民结合，积极推动军民的资源共享、技术互动，以此进行能力互补，夯实军民结合的产业基础，将大兴打造成为以军民结合产业基地为重点的南部高端制造产业集群。同时，积极发挥首都新机场的带动作用，利用国防科研单位和军工企业总部集中的优势，重点吸引航空航天领域的研发机构和总部。积极发展现代服务业，将产业链条向高价值区域延伸，培育以航空技术应用、航空服务、通用航空、航空电子为主的航空航天产业。

3. 文化创意产业

大兴区应依托国家新媒体产业基地，以"创新、建设、提升、发展"八字方针为指引，深化产业定位、推进项目落地、加大宣传力度、完善基础设施、加快一级开发、深入整合资源、强化现代企业制度、创新党群建设。以"星光电视节目制作基地"为发展平台和先导，汇聚影视制作各环节企业，形成以新媒体产业

为核心，以出版印刷业、设计创意业、影视制作业、电子商务业为重点发展领域的"一核四重"的文化创意产业体系。培育发展文化旅游业及文化休闲体育业，成为集"媒体总部、影视文化、体验旅游"于一体的综合性文化创意产业集聚区。

4. 小结

2013 年，大兴区新能源和新材料产业实现产值达 579.9 亿元，与 2012 年相比下降 3.1%；实现利润总额 51.2 亿元，比上年增长 66.1%。航空航天产业实现产值 14.9 亿元，比 2012 年增长 16.4%；实现利润总额 1.4 亿元，比上年增长 7.9%。文化创意产业实现产值 541.9 亿元，比 2012 年增长 12.4%；实现利润总额 7.6 亿元，比上年增长 380%。如表 2-5 所示。

表 2-5　大兴区三大新兴产业发展情况

	产值（亿元）	增长率（%）	利润总额（亿元）	增长率（%）
新能源和新材料产业	579.9	−3.1	51.2	66.1
航空航天产业	14.9	16.4	1.4	7.9
文化创意产业	541.9	12.4	7.6	380

新能源和新材料产业与文化创意产业的产值占比较大且利润增长率较高，应继续保持现有关注，对于前者加大资金投入，维持现有市场增长率或延缓其下降速度；对于后者无须增加过多投入，维持现有市场增长率，使其成为大兴区的后备主导产业。对于航空航天产业，因其产值较小、增长率较低，无须进行重点扶持。

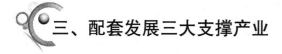 三、配套发展三大支撑产业

1. 生产性服务业

生产性服务业与制造业有较强的产业关联度，生产性服务业的发展有利于提升制造业的竞争力，对于大兴区四大主导产业中的装备制造业和汽车制造及交通

设备业可以起到支撑作用。

但目前由于大兴区企业规模差距大，致使行业抗风险能力低，行业应对经济市场变化的能力不强，盈利困难。由表 2-6 可以看出，占生产性服务业驻地地位的流通服务在 2013 年利润总额为负，经济增长缺乏动力，行业发展呈下滑趋势，对第三产业发展的贡献逐渐减小。

表 2-6　2011~2013 年大兴区生产性服务业情况

	收入合计（万元）			利润总额（万元）		
	2011 年	2012 年	2013 年	2011 年	2012 年	2013 年
生产性服务业	4252596	4175899	5716961	170186	109323	13825
流通服务	3718393	3718635	4791943	56014	25799	-128910
信息服务	21416	36979	84333	6570	13899	16055
金融服务	13240	19123	23291	7602	11308	19788
商务服务	158056	176298	522099	72500	39465	64276
科技服务	341491	224865	295296	27500	18851	42617

今后，大兴区要以生产性服务业园区为依托发展物流行业，做好整体规划，注重质量、控制数量，以现代化的物流企业为龙头，带动行业发展，对现有物流企业进行整合，对于基础差的中小型企业进行统一管理，以规范其经营，提高抗风险能力。重点发展商务服务、科技服务和现代流通服务等生产性服务业，实现行业互惠互利。加快促进面向战略性新兴产业的产业金融发展，推动面向城乡统筹的农村金融改革，鼓励工业和创意结合，积极发展工业设计产业。以首都新机场规划建设和物联网推广应用为契机，形成以新机场为支撑点的现代服务业集聚区，实现行业互惠互利，促进生产性服务业高速发展，高标准地发展现代物流产业，将服务业打造成经济可持续发展的新引擎。

2. 科技创新服务业

大兴区科技创新服务业要按照"多功能、全流程、高端业"的发展定位，采用引导及社会参与的方式，鼓励和吸引社会资金投入科技创新服务业，鼓励和引导公共技术服务平台和科研条件共享平台建设，建立跨部门的合作机制，大力发展面向科技创新的新兴服务业态，加快建设"四大板块、三大组群"，培育科技研发服务、科技金融服务、科技信息服务和科技商务服务，推进孵化器、产业化基地和工程技术平台的创业服务专业化、服务平台标准化、服务内容国际化，打造成为科技创新服务领航区。

3. 都市产业

以形成具有品牌影响力的现代都市产业群为目标，重点发展都市型现代农业、都市特色工业和都市服务业。都市型现代农业在设施农业、观光农业的基础上向环境农业、高效农业、特色农业及与农产品加工和流通业融合方向发展；都市特色工业在印刷包装、服装、食品加工等的基础上向品牌总部、低碳绿色方向发展；都市服务业在体育休闲、家居服务、都市商业的基础上向品质化、便民化、网络化方向发展。

第三节　大兴区产业功能提升

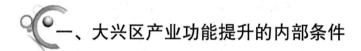 一、大兴区产业功能提升的内部条件

1. 区位优势

大兴区位于北京市南部，是距北京市区最近的远郊区，区位优势得天独厚。大兴连接南中轴延长线，横跨北京东部发展带和西部发展带，处于环渤海经济圈和京津塘产业带的重要节点，是连接京津冀地区的重要支点，是北京新阶段发展的重要门户。

2. 科技文化资源优势

大兴区内有各类学校 200 多所，包括 11 所高等院校和 12 所中高等职业院校。同时，一些跨国公司、中央企业以及具有总部特征的企业总部入驻大兴，使大兴有着较为丰富的就业机会和较为高端的智力结构。

3. 土地资源优势

大兴是首都最大的平原区，目前可利用的土地近百万亩，超过北京市其他区县，有充足的发展空间。此外，大兴区辖区内村庄众多，通过撤村并点、建设用地整合和公共物品集中提供，可以节约、集约利用土地，进一步挖掘出大量备用土地资源。

4. 产业基础优势

大兴区建起了现代化的立体交通体系，组成了"三横四纵"的公路交通网络。京沪、京九铁路在大兴交会，北京新机场项目的正式批复，为大兴区的产业发展插上了腾飞的翅膀。大兴区是北京市重要的农副食品生产供应基地、高新技术产业基地、人口疏散基地和"绿甜旅游"基地，是享誉国内外的"西瓜之乡"。

二、大兴区产业功能提升的外部条件

大兴区正处于新一轮科学发展的关键时期，国内宏观环境为大兴区的发展提供了历史性的外部条件。

一方面，北京市正全面实施"人文北京、科技北京、绿色北京"战略，并加快建设中关村国家自主创新示范区，大力发展南北两个产业带，力争率先形成创新驱动的发展局面和城乡经济社会一体化新格局，为建设中国特色世界城市奠定坚实的基础。

另一方面，国家对重大基础设施项目的扶持为大兴区的崛起提供了难得的机遇，首都新机场建设将极大地带动大兴区的产业化和城镇化进程，使大兴区成为首都未来的洲际综合型交通枢纽，在对外开放和区域合作中的连接作用更加突出。

第四节　大兴区总体产业功能定位的战略目标

就目前大兴区工业企业数量较多、规模较小，行业分散，大型企业数量较少的现状，要坚持"优化一产、做强二产、做大三产"的发展思路，重点发展高端、高效、高辐射产业，引导产业集约、集聚、循环发展，确立高技术制造业和战略性新兴产业的领先优势，在发展中调整，在调整中发展，积极稳妥地开展产业优化升级。

一、优化一产，战略性调整农业结构

以加大都市型现代农业发展为切入点，加快都市型现代农业发展。推进土地向规模经营集中，通过集约利用土地，优先发展环境农业、高效农业和特色农业，引导设施农业、观光农业和体验农业等有传统优势的服务型农业向高新技术、名优品牌方向发展，促进农产品绿色种植、绿色加工和高效流通，努力打造与北京建设世界城市相适应的、具有自身特色的都市型现代化农业示范区，拓展绿色生态空间。

二、做强二产，全面提升高技术制造业和战略性新兴产业的综合实力

继续推进工业结构升级，加快园区基础设施建设，实现园区效应最大化。重视产业发展的质量和效益，大力发展高技术制造业，加快培育战略性新兴产业，

加强对相关企业的技术改造，引导产业向市场化、专业化、规模化、集约、集聚、循环发展，重点引进和培育规模大、潜力大、贡献大的高端优质项目，高标准、高水平建设南部高技术制造业和战略性新兴产业聚集区，努力形成具有大兴特色和竞争优势的高新技术产业群。

三、做大三产，培育发展面向生产、科技创新和生活的服务业

着力发展设计研发、咨询服务、金融服务、信息服务、商务服务、工业设计服务、流通服务等生产性服务业，科技研发服务、科技信息服务、科技金融服务、科技商务服务等促进科技成果产业化的科技创新服务业，以及商贸服务、电子商务服务、旅游服务、文化服务、社区便民服务、养老服务、健康服务等服务民生、提升公共服务功能的生活服务业，鼓励发展服务外包业，促进生产性服务业、生活性服务业和旅游业加快发展，提高第三产业比重，以信息化提升三次产业水平，努力实现三次产业融合协调发展。

第三章

大兴区产业功能定位下的产业规划调整

第一节 大兴区产业发展思想

一、指导思想

高举中国特色社会主义伟大旗帜，以邓小平理论和"三个代表"重要思想为指导，深入贯彻落实科学发展观，以科学发展为主题，以加快转变经济发展方式为主线，按照"人文北京、科技北京、绿色北京"战略和向中国特色世界城市迈进的要求，突出跨越发展，突出创新驱动，突出民生为本，突出绿色保障，走一体化、高端化、国际化道路，建设宜居宜业和谐新大兴。

二、总体定位

总体功能定位为"战略产业新区、区域发展支点、创新驱动前沿、低碳绿色家园"，重点产业领域为高技术制造业、战略性新兴产业和高端服务业。

三、发展原则

1. 四项基本原则

（1）坚持跨越发展。

（2）坚持创新驱动。

（3）坚持民生为本。

（4）坚持绿色保障。

2. 京津冀协同发展

推进京津冀协同发展，实现产业梯度转移。将不符合大兴区产业功能定位、发展受限、规模萎缩的行业向处于工业化初期及中期阶段的地区转移。进一步发展总部和分支机构经济，引进符合首都功能定位的高端制造业企业，高水平、高层次发展高技术制造业。

四、发展目标

大兴区产业发展的目标是：经济继续保持又好又快发展，经济总量和发展质量实现新跨越，创新驱动成为重要支撑，高技术制造业和战略性新兴产业在首都实体经济中的支柱地位初步形成，成为打造"北京创造"品牌的主力军。

第二节　大兴区产业规划空间布局

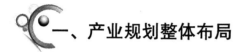

一、产业规划整体布局

以北京经济技术开发区为新区产业发展主体平台，提升北京经济技术开发区的产业承载能力。在集约增效的基础上，整体拓展、分期实施，积极拓展新区产业发展空间。坚持高标准、高水平和适度超前，大力提高基础设施和公共服务设施水平。统一品牌、统一标准、统一政策、统一服务，加强生物医药、新媒体、新能源汽车、军民结合、生产性服务业、新空港六大产业园的规划建设，形成"一区六园"的产业发展格局。

二、重点产业选择

根据大兴区产业功能的定位与提升要求，以及产业规划的总体布局，重点建设新媒体产业园、新能源汽车产业园、生产性服务业产业园、新空港产业园等六大特色专业园。

1. 新媒体产业园

国家新媒体产业基地应该抓住良好的发展机遇，形成以新媒体产业为核心，以出版印刷业、设计创意业、影视制作业、电子商务业为重点发展领域的"一核四重"的文化创意产业体系，充分利用"十二五"规划及大兴产业布局规划。

充分利用已有基础发展新媒体产业，营造良好的政策环境。把机遇变为现实，把信心变为动力，深入挖掘独特的资源优势，利用土地资源优势吸纳各种类型的新媒体产业。明确未来发展战略和核心竞争力，实施个性化、差异化竞争策略，调整组织结构，开展组织文化建设，建设国家新媒体产业基地人才库，大力培养产业人才，适应产业发展需要，创新人才引入机制，强化品牌建设，增强园区的品牌影响力，拓宽融资渠道，完善基础设施，改善园区产业发展环境，为未来发展提供坚强保障，打造中国文化创意产业核心区。

2. 新能源汽车产业园

重点发展新能源汽车、汽车零部件等产业，建设技术领先、链条完整、规模集聚的新能源汽车研发和生产基地，成为全面展示我国新能源汽车的重要窗口。

3. 生产性服务业产业园

结合生产性服务业发展的集聚特性，依托地铁大兴线、亦庄线及区内各产业基地，采取轨道交通与新城发展相结合的模式，重点发展仓储物流、金融服务、研发设计、软件和信息服务、商务服务等产业，促进工业设计、新型和中小型金融机构在地铁沿线集聚发展。

4. 新空港产业园

新空港产业园应抓住北京新机场建设契机，依托机场资源，重点发展临空经济，在首都新机场两侧规划发展航空企业总部、空港服务业、空港物流、商务会展、高技术制造等产业，形成一座规模巨大的现代化空港城，并带动整个区域现代服务业、高端制造业、文化旅游业等新兴产业的崛起，创造大量就业机会和居住需求。

第三节　大兴区产业规划推进计划

一、新媒体产业园

短期目标：打造地区级新媒体聚集区，工业总产值达到 50 亿元，完成园区税收 5 亿元，累计总投资额 100 亿元，就业人数 3 万人，入统企业数 400 个，争取占据首都文化创意聚集区的领先地位。

长期目标：打造国家级新媒体聚集区，工业总产值达到 100 亿元，完成园区税收 10 亿元，累计总投资额 280 亿元，就业人数 5 万人，入统企业数 500 个，成为国内知名的文化创意产业聚集区之一。

二、新能源汽车产业园

短期目标：到 2015 年末实现总产值 500 亿元。

长期目标：引进先进的技术，提高生物燃料的比例，完善新能源汽车的性能，开拓国际市场，增强我国新能源汽车在国际市场上的竞争地位。

三、生产性服务业产业园

短期目标：增强流通服务对生产性服务业的收入贡献率，对于基础差的中小型企业进行统一管理，以规范其经营，提高其抗风险能力。到 2015 年实现产业收入 450 亿元。

长期目标：发展物流行业，做好整体规划，注重质量、控制数量，以现代化

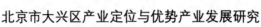

的物流企业为龙头，带动行业发展，对现有物流企业进行整合。加快中小规模企业发展，形成企业梯队，通过提升高附加值产业的比重，改善产业内部结构，提升大兴区生产性服务业的整体素质。

四、新空港产业园

短期目标：规划建设"4+1"条跑道，占地面积约为 29.4 平方千米。需承担航空旅客运输需求 7200 万人/年，货邮运输需求 200 万吨/年，飞机起降 62 万架次/年。

长期目标：规划建设"6+1"条跑道，总占地规模约为 65.3 平方千米，同时预留西南部跑道。货运年吞吐量 500 万吨，需承担航空旅客运输需求 10000 万人/年以上，货邮运输需求 240 万吨/年，飞机起降 84 万架次/年。

第四章 大兴区产业规划的配套措施

大兴区的产业规划布局及推进目标对人、财、物、管理等各个方面均提出了很高的要求，需要相应配套措施的跟进以保障产业规划的实施。大兴区政府应根据《〈国家中长期科学和技术发展规划纲要（2006~2020 年）〉若干配套政策》和《〈北京中长期科学和技术发展规划纲要（2006~2020 年）〉若干配套政策》，以政府引导和市场化运作相结合的开发模式，制定相应的实施意见，把管理体制、运作机制和政策措施的创新作为破解难题的重要环节，从而为大兴区综合开发的顺利推进创造良好的环境。

第一节 大兴区产业发展举措

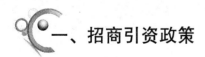

一、招商引资政策

鼓励企业在大兴区设立地区级以上机构，支持其在大兴区的持续健康发展，并根据企业规模及对大兴区经济社会发展的贡献，给予政策扶持和资金补贴。

鼓励地区级以上企业机构高端人才集聚大兴区，对为企业和地区经济社会发展做出贡献的地区总部高级管理人员给予奖励或补贴。积极鼓励中介机构引进跨国公司总部经济机构落户大兴。

同时，加强对自主知识产权的扶持力度，对于大兴区科技园区、孵化器中的自主知识产权，经认定并实施的，给予资金资助。

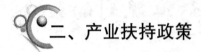
二、产业扶持政策

加大科技投入力度，对承担国家重大项目的本区科研企事业单位主要负责人及科研团队给予奖励支持，设立团队建设资金。科技部门在项目鉴定、评估等方面需要购买服务的，应优先向本区科技研发服务业单位倾斜。鼓励科研服务业企业积极参与市场拓展，鼓励科技研发服务业企业参加市级及以上的相关展示活动。通过营造良好的科研服务业发展环境，加大科技研发服务业的财政投入力度，支持科研服务业单位开展新能源、节能减排类项目和公益性项目的研究。

三、完善金融服务

增强金融对于实体经济的支撑和渗透，鼓励金融机构拓宽筹资渠道，吸引内外资金，支持区域经济和社会发展。例如，发放信贷、总行直贷、总部直投、信托计划等。

鼓励各级金融机构积极争取创新试点权限，根据市场需求和各自实际，加大新产品研发推广和内部管理革新力度。

第二节　大兴区产业服务管理举措

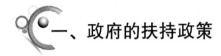

一、政府的扶持政策

1. 提高产业技术创新能力和区域创新能力

第一，集中大兴区、北京市乃至全国的优质研发资源，鼓励有条件的大中型企业与高校、科研院所共同建立高层次、综合性的国家级工程技术研究开发中心、企业技术中心及企业博士后工作站，提高企业自主开发创新能力。

第二，搭建产业集群共性技术创新平台。

第三，发挥政府职能，制定科学有效的区域自主创新政策体系，建立和完善科技成果转化和服务体系，加快科技成果的转化。

第四，优化投融资环境，完善投资、担保、贷款的联动机制，建立并完善政府资金与社会资金、股权融资与债权融资、直接融资与间接融资有机结合的科技金融体系。

2. 努力推动市级层面相关支持与政策突破

第一，积极争取纳入北京"十三五"规划。

第二，积极争取北京高新技术产业化相关政策的支持。

第三，积极争取北京服务业发展引导资金的支持。

第四，积极争取同等享受亦庄高科技园区优惠政策。

3. 努力争取国家层面重大项目与政策支持

第一，申请建立新药研究国家实验室。

第二，申请建立国家级科技成果转让和交易服务平台。

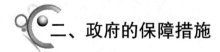

二、政府的保障措施

1. 机构的设置

建议区政府成立大兴区产业发展领导小组，领导小组下设办公室，主要负责产业发展规划的编制、扶持政策的制定和组织协调工作，并负责相关政策和规划的实施和落实，为企业进行行业指导和提供各种必要服务。

同时，大力培育区域内相关行业协会或同等性质的行业团体，充分依靠行业协会对本区导向性产业发展的规范、互动作用；在区域内构筑各种相关产业发展的技术交流、信息交流、人才交流平台；帮助解决区域内企业在发展中遇到的共性问题，维护区域行业整体利益。

2. 工商、税务的配合

在工商方面，区政府应开辟工商登记"绿色通道"，鼓励企业以经过评估验资的专利、专有技术、科研成果等作为无形资产进行注册登记，做到并联审批，并关注企业相关方面的诉求。在税务方面，区政府应对符合大兴区主导产业发展方向的单位给予一定的支持。

第三节　大兴区产业空间发展举措

一、土地资源的集约利用

土地资源作为不可再生资源，在引入产业时必须充分考虑单位土地产出率。

第一，提高闲置土地的使用效率。

第二，提高闲置厂房的使用效率。

二、建立"三区"联动机制

校区主要为科技园区提供创新创业人才、项目、手段，为整个城区的经济与社会发展提供智力支持；科技园区是大学师生和大兴地区乃至全部城市市民创新创业及就业的场所，是大兴地区经济发展的一个增长极；公共社区主要为校区和科技园区提供公共服务，以创造一个适宜居住、休闲、交流的环境。

大兴区重点产业发展问题研究

第一章 // 引 言

第一节　研究背景及意义

一、研究背景

大兴区地处北京市南部，全区面积为 1036 平方公里，北部边界距市中心直线距离不足 10 公里。大兴连接南中轴线，横跨北京东部发展带和西部生态带，独有的地理优势使它成为北京向华北地区辐射的前沿。大兴区境内有北京经济技术开发区和北京生物工程与医药产业基地两大国家级产业园区，是北京重要的现代制造业区域，也是首都未来重点拓展的空间。

为了全面调查厘清北京市大兴区三次产业的发展规模及布局，特别是二\三产业的发展情况，了解本区产业组织、产业结构的现状以及主要生产要素的构成，进一步查实服务业、战略性新兴产业、文化产业以及中小微企业的发展状况，摸清本区各类单位的基本情况，全面更新本区国民经济各行业的基本单位名录库、基础信息数据库和统计电子地理信息系统，以及为本区加强和改善宏观调控、加快经济结构战略性调整、科学制定中长期发展规划提供科学准确的统计信息支持，本区于 2013 年组织实施了大兴区第三次全国经济普查工作。

这次普查的标准时点为 2013 年 12 月 31 日，普查时期资料为 2013 年年度资料。普查对象是全区辖区内从事第二产业和第三产业的全部法人单位、产业活动单位和个体经营户。普查的主要内容包括单位基本属性、从业人员、生产经营情况等。

本报告通过对大兴区第三次全国经济普查相关资料进行分析和梳理，参照大兴区重点产业的发展现状，对大兴区重点产业发展问题进行针对性研究，找出影响大兴区重点产业发展的主要因素，并在借鉴国内外成功经验的基础上，提出具有可操作性的对策和建议，为大兴区经济发展出谋划策，为政府部门制定产业发展规划服务，为社会各界了解大兴区重点产业发展情况提供比较准确的咨询。

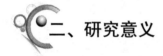

二、研究意义

产业发展对区域乃至国家经济有着极为重大的影响和作用，为了深入分析大兴区重点产业发展问题，特此提出了本课题。本课题具有以下几点意义与价值：

（1）对本区服务业、战略性新兴产业、文化产业以及中小微企业发展现状的分析，可以为相关部门的政策制定提供现实依据。

（2）可以利用此次调查所得相关数据，研究并制定本区经济发展过程中各主要产业的发展顺序及路径。

（3）将调查数据进行集成，形成支撑数据研究的数据分析系统，为有效解决发展中面临的问题、科学制定发展规划提供科学准确的统计信息支持。

第二节   研究方法

一、理论研究与实证分析相结合的方法

由于这是一个经济普查资料的深度开发和利用课题，因此要在大兴区第三次全国经济普查相关数据的基础上，并在保证数据运用准确可靠的前提下，结合产业经济学、区域经济学等相关理论对其进行针对性研究；还要站在国家发展战略及区域功能发展定位的高度，深入分析大兴区产业发展现状，找出所面临的问题，探讨本区经济发展过程中各产业的发展顺序和发展路径。

二、定性分析与定量分析相结合的方法

在对大兴区重点产业发展问题进行研究的过程中，各个产业在整个经济总量中所占的比重和发展趋势需要进行定量分析，本报告运用多种定量分析方法对大兴区的重点产业进行排序，有助于分析区内的经济状况和产业布局，为其提供指导；而在研究产业发展过程所面临的问题时，则需要进行定性分析。

第二章 // 国内外研究综述

第一节 国外研究综述

随着生产力的发展和生产关系的变化，社会分工越来越细，产业构成日趋多样化。当代西方经济学针对产业结构随着经济发展而变动的经济现象，逐渐发展并形成了产业结构演进理论。20 世纪 40 年代，克拉克对配第的观点进行了实证分析，提出了"配第—克拉克定律"，西蒙·库兹涅茨又在此基础上进一步对一些国家产业结构变化的趋势进行了更深入的研究，提出了著名的"库兹涅茨法则"，而霍夫曼定律所揭示的工业化演进过程被认为是具有开创性意义的。

近年来，随着经济学对数学方法的借鉴，博弈论等运筹学方法对产业结构研究起到了重要的作用。受诺贝尔经济学奖以及西方主流经济学的影响，一些经济学家把卢卡斯的理性预期理论、科斯的企业契约理论、莫里斯和维克瑞的不对称信息理论等也引入产业经济学中，使产业结构研究得到进一步发展，但是目前这些理论在产业结构研究中尚处于初期阶段。通过对产业结构调整理论的研究，可以有四点启示：一是在经济发展过程中，采用不平衡增长的方式来促进经济的增长，即以某一行业、部门的优先发展来带动整个经济的腾飞是非常有效的方法；二是产业结构优化调整是主导产业以及以此为核心的产业体系不断更新和替代的过程，主导产业的选择要以所处的经济成长阶段为基础，要与这个阶段最先进的科技相联系，形成主导产业群带动产前、产后各产业发展的局面；三是产业发展要充分发挥比较优势，大力发展具有比较优势的产业，同时积极培育新的、潜在的优势产业，利用有效资源实现最大的结构效益；四是从模仿到创新是产业发展的捷径，可以迅速提升产业结构的层次，实现经济的跨越式发展。

日本作为亚洲现代农业的典型代表，随着市场经济的完善，产业结构从以农业占统治地位向以工业和服务业为主转变，但由于农业的基础性地位，日本依托发达的社会生产力和飞速发展的科学技术使农业生产更加专业化、市场化、社会化，其农业产业结构优化特点明确：一是废止封建土地制度，保护耕地面积；二是推动农业现代化，兼业农户数量增加；三是成立"农协"，实行农民"联保"；四是农业产业结构向农工商综合发展；五是加强农业立法，实行农业保护政策。

国外学者对信息产业的研究起步较早，始于 20 世纪 60 年代，而对信息服务业对产业结构的影响方面的研究较晚一些，只强调了信息服务业在经济发展方式和产业结构调整中的作用，而其促进产业结构调整的机制路径还需进一步研究。Marc U. Porat（1973）提出信息具有调整社会经济活动，特别是调整产业结构的作用。信息化将会导致第三产业大发展，并进一步加大第三产业在社会经济活动中所占有的份额。

第二节　国内研究综述

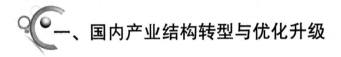

一、国内产业结构转型与优化升级

一个国家重点产业的选择与发展，对产业结构的优化升级和国民经济素质与实力的提高均会产生重要影响。同样地，一个区域重点产业的选择与发展也非常重要。要实现产业结构的优化升级和区域经济的顺利健康发展，必须正确地分析当前重点产业发展面临的问题并提出相应的对策。

2010年10月中旬落幕的中共十七届五中全会使"十二五"规划成为全国关注的焦点。"十二五"期间，我国政府更加注重经济质量的提高，并出台了推动区域发展、产业结构调整及经济社会改革等方面的多项政策措施。到2015年，中国战略性新兴产业形成健康发展、协调推进的基本格局，对产业结构升级的推动作用显著增强，增加值占国内生产总值的比重力争达到8%左右；到2020年，战略性新兴产业增加值占国内生产总值的比重力争达到15%左右，中国计划用20年时间，使节能环保、新一代信息技术等七大战略成为先导产业。

靳卫东（2010）指出，产业结构转化是一个动态过程，而人力资本（劳动力禀赋）是产业结构转化的基础，两者在数量、结构和类型上的不匹配，是造成失业增加、经济波动和收入差距扩大的重要原因。林毅夫（2012）在其新结构经济学分析范式中，特别强调了技术变革、产业升级和产业结构变迁在现代经济增长中的作用。王智波（2012）利用2002年和2007年中国42部门投入产出表，定量分析了中国产业结构的现状与变动情况，并利用基于投入产出技术建立的归因矩阵模型定量分析了引起产业结构变动的影响因素，指出我国目前产业结构升级的阻力在于劳动密集型、资本密集型、技术（知识）密集型产业发展不平衡。

二、国内文化创意产业发展

北京在全国各省市区中较早提出发展文化创意产业。党的十七届六中全会通过的《中共中央关于深化文化体制改革 推动社会主义文化大发展大繁荣若干重大问题的决定》第六部分"加快发展文化产业，推动文化产业成为国民经济支柱性产业"的第一条"构建现代文化产业体系"中明确提出，要发挥首都全国文化中心示范作用。

推动文化创意产业发展的主要举措有：一是积极推动建立首都文化建设的领导机构；二是组建北京市国有文化资产监督管理委员会；三是设立北京文化发展

专项资金；四是制定出台推动文化发展的配套政策，近期出台了《关于进一步加快首都文化发展的若干意见》，这个文件是落实六中全会精神的具体实施意见；五是积极打造一批骨干文化企业、上市公司和文化"航母"；六是着力推进一批重点文化园区和文化项目建设；七是加强对区域文化发展的规划引导。

丛海滨和高长春（2010）把发展创意产业作为改造产业结构的重要途径，并提出了三种创意产业推动区域产业结构转型升级的模式，即产业融合模式、产业关联带动模式和产业结构"软化"模式，通过对传统产业关键产业链的改造升级，或者通过引进新技术、创新产品设计等催生新兴产业，进而推动区域产业结构转型升级。

近年来，我国文化创意产业发展迅速，据统计，2011年我国文化产业总产值超过3.9万亿元，占GDP的比重超过3%；创意商品出口12.5亿美元，占世界创意产品出口的20%左右，成为世界上创意商品出口最多的国家，但原创性强、技术含量高、附加值高的创意商品占比低，与美、英、日、韩等国家相比还存在较大差距。因此，应借鉴发达国家文化创意产业发展经验，在扩大规模的同时，优化结构，提升档次，提升竞争力。

三、国内科技与文化融合发展

科技创新与文化相交融，对科技与文化两者自身的发展都有直接影响。中共十七届六中全会通过的《中共中央关于深化文化体制改革 推动社会主义文化大发展大繁荣若干重大问题的决定》提出，"科技创新是文化发展的重要引擎。要发挥文化和科技相互促进的作用，深入实施科技带动战略，增强自主创新能力"。

近年来，党和政府相继出台了《国家"十二五"文化产业发展规划纲要》、《文化产业振兴规划》等指导性文件，对科技促进文化产业发展做出部署，加强了对科技与文化产业的支持力度。科技创新有助于激发文化产业从业者的研发潜能，促进创意向产品的转化，产生更加丰富、新颖的文化产品。科技创新还可以催生新的文化业态，产生新的文化行业。

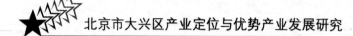

　　强昊（2015）认为，当前科技水平的进步对各个产业的跨越发展起到了巨大的推动作用，文化创意产业需要善于运用科技融合的力量，带动整体产业的发展。他提出了三条科技与文化产业融合的现实路径：一是传统产业升级和转移的路径；二是"秀"和"聚"开启文化全新演绎形式；三是文化旗舰带动区域经济发展。

第三章 || 相关理论

第一节　产业相关理论

一、产业的内涵

在传统社会主义经济学理论中，产业主要指经济社会的物质生产部门，一般而言，每个部门都专门生产和制造某种独立的产品，某种意义上每个部门也就成为一个相对独立的产业部门，如农业、工业、交通运输业等。

产业是在生产力发展和社会大分工的基础上形成的，随着社会经济的发展，产业的定义在不断演化，产业的内涵不断充实、外延不断扩展。在产业经济学领域，产业是社会分工的产物，是社会生产力不断发展的必然结果，是具有某种同类属性的企业经济活动的集合，特指国民经济的各行各业。

二、产业的分类

产业分类就是人们为了满足不同需要而根据产业的相同或不同的特点将各种

不同的经济活动进行分解和组合，以形成多层次、多类型的产业门类的过程。在国际范围内，产业的分类没有统一的标准，其分类服从经济管理及研究应用的需要。产业分类包括对产业进行分解和组合两个方面，无论是把一个产业按照不同的特点进行分解，还是把具有相同特点的产业进行组合，都必须首先确定产业分类的标准。根据不同的分类标准和研究领域，产业分类的方法主要包括三次产业分类法、标准产业分类法、两大部类分类法、农轻重产业分类法、生产要素分类法、战略关联分类法、产业发展状况分类法、霍夫曼分类法等。这里我们主要介绍战略关联分类法。

战略关联分类法是按照国家产业政策中不同的战略地位和作用划分产业的一种分类方法。根据不同的战略地位，形成如下产业种类：

1. 主导产业

主导产业就是在区域经济中起主导作用的产业，它是指那些产值占有一定比重、采用了先进技术、增长率高、产业关联度强、对其他产业和整个区域经济发展有较强带动作用的产业（罗斯托，1998）。这类产业既对其他产业起着引导作用，又对国民经济起到支撑作用。

2. 先导产业

先导产业就是那些需求价格弹性和收入弹性很高，可以带动其他产业发展的重要战略产业。它们对国民经济未来发展起方向性的引导作用，代表着技术发展和产业结构演进的方向。先导产业对于国民经济发展具有全局性和长远性作用，但未必对国民经济起支撑作用。

3. 支柱产业

支柱产业是在国民经济中发展速度较快，且占有重要的战略地位，其产业规模在国民经济中占有较大份额，并起支撑作用的产业或产业群。支柱产业具有较强的连锁效应，如诱导新产业崛起，对为其提供生产资料的各部门、所处地区的经济结构和发展变化有深刻而广泛的影响。这类产业往往在国民经济中起支撑作用，但不一定能起到引导作用。

4. 重点产业

重点产业是在国民经济体系中占有重要的战略地位，并在国民经济规划中需要重点发展的产业。重点产业的具体概念还比较模糊，且缺乏科学性，它可以包括主导产业、先导产业、支柱产业、先行产业、瓶颈产业、基础产业等。

5. 基础产业

基础产业是指在一个国家或地区的国民经济发展中处于基础地位，对其他产业的发展起着制约和决定作用，并决定其他产业发展水平的产业群。同时，也是为社会广大劳动者提供就业机会的基础产业机构，如农业、制造业、交通业、服务业等基础产业。国家的基础产业越发达，其国民经济的发展后劲越足，国民经济的运行越有效，人民的生活就越便利，生活质量也越高。

第二节　重点产业

一、重点产业的内涵

综合国内外相关研究，比较一致的观点是：重点产业代表着一个地区的产业形象，在国民经济体系中占有重要的战略地位，能够承担区域经济发展重任，引导产业结构调整，符合产业发展规律，有一定的市场发展潜力，并在国民经济规划中需重点进行鼓励、扶持和突破。它可以包括主导产业、支柱产业、瓶颈产业和基础产业等。重点产业是产业结构的核心和结构演化的主角，其选择合理与否不仅关系到重点产业本身的发展，而且还决定着整个区域的经济发展和产业结构的合理化。

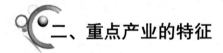

二、重点产业的特征

为了正确选择重点产业，实现产业结构的合理化，不仅要理解重点产业的内涵，而且要加强对重点产业特征的研究。重点产业的特征主要有以下几个方面：

1. 技术程度高

重点产业善于研发和吸收新技术革命的成果，也就是说能够较快地适应技术的进步和市场的需求，因此重点产业具有较高的技术进步率、生产上升率和较低的生产费用。

2. 产业关联度高

由于市场广阔，存在着巨大且潜在的社会需求，重点产业处于一个承供启求的中心环节，同时也是一个区域产业结构的核心，它能够提高经济效益，牵引区域经济的整体发展。

3. 发展顺序性强

重点产业的发展不是一成不变的，它会随着技术的进步和供求关系的变化而不断更替。由于技术由低到高的发展顺序，重点产业也由低到高依次发展。

4. 经济规模大

由于产值比重大、经济贡献率较高，重点产业在国民经济中也占有相当高的比重。

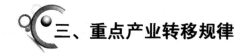

三、重点产业转移规律

就当前产业结构来说，发展中国家的重点产业正从轻纺工业为主导向重化工业为主导发展，一般发达国家的重点产业则从重化工业向高加工度工业为主导转化，而高加工度工业国家则已向知识密集型产业转移。另外，高新技术和知识密集型产业在这些国家中占有越来越重要的地位，使产业重点发生了巨大的变化和深刻的内涵变革。

由于科技、文化注入，第一产业产生了农业科技革命，出现了具有第二产业性质的新农业；兴起了具有第三产业性质的农、工、商一体化的服务业；还产生了具有第四产业性质的知识农业、智能农业，使第一产业的绝对产值不断增长。以制造业为主导的第二产业，虽然在发达国家已沦为"夕阳产业"，但在欠发达国家和地区却方兴未艾，随着科技知识含量的不断增加，第二产业附加值发生爆炸性增长，在改造第一产业和本产业的同时，也在不断克服本产业的各种负面影响。以服务业、旅游业、金融业为主体的第三产业和以现代信息、技术为主导，以现代交通运输方式为基础的第四产业，正是现代产业重点转移的方向。第三、第四产业成为重点产业，不仅推动了各产业的升级，而且对经济增长的贡献率也越来越大。由轻纺工业向重化工业转变再向高加工度工业直到高新技术产业转变，是世界产业重点转移的一般规律，这种转移规律在逻辑上对应了经济发展过程中需求结构的变化轨迹，也对应了技术革命引发的生产要素投入结构的变化。

第三节　优势产业相关理论

 一、比较优势理论

比较优势理论的创始人是大卫·李嘉图，他在 1817 年出版的代表作《政治经济学及赋税原理》中提出了著名的比较优势原理 （Law of Comparative Advantage），即比较成本贸易理论 （后人称为 "比较优势贸易理论"）。这是一项非常重要的、至今仍然没有受到挑战的经济学的普遍原理，具有很强的实用价值和经济解释力。

比较优势理论是在亚当·斯密的绝对成本理论的基础上发展起来的。它是指两国按比较优势参与国际贸易，通过 "两利取重，两害取轻"，两国都可以提升福利水平。事实上，通过中国 "田忌赛马" 的故事就能理解这一原理。

在比较优势理论不断演进的过程中，其他学者对比较优势理论做了很好的补充。如 20 世纪初，赫克歇尔和俄林从生产要素比例的差别而不是生产技术的差别出发，解释了生产成本和商品价格的不同，以此说明比较优势的产生，这个解释克服了斯密和李嘉图贸易模型中的局限性。20 世纪 80 年代，赫尔普曼和克鲁格曼 （Helpman 和 Krugman，1985） 引入规模经济来分析比较优势，发展了一个基于自由进入和平均成本定价的垄断竞争模型，将产品多样性的数目视为由规模报酬和市场规模之间的相互作用内生决定。20 世纪 90 年代，梯伯特 （James R. Tybout，1993） 进一步总结并集中论述了递增性内部规模收益是比较优势的源泉。格罗斯曼和赫尔普曼 （Grossman 和 Helpman，1989，1990） 从研究与开发的角度推进了比较优势理论，他们发展了一个产品创新与国际贸易的多国动态一般均衡模型，据此来研究通过研发产生的比较优势和世界贸易的跨期演进。多勒尔等（Dollar 和 Wolff，1993）提醒我们，用规模经济来解释比较优势主要是针对近年来具有相似要素禀赋的发达国家之间日益增加的产业内贸易。杨小凯和博兰（Yang 和 Borland，1991）在批评新古典主流理论的基础上，从专业化和分工的角度拓展了对内生比较优势的分析，他们认为，内生比较优势会随着分工水平的提高而提高。此外，格罗斯曼和麦吉（Grossman 和 Maggi，2000）从人力资本配置的角度分析了各国间的比较优势。他们发展了一个具有相似要素禀赋的国家间贸易竞争模型，分析了人力资本的分配对比较优势和贸易的影响。还有学者从演化的角度探讨了比较优势理论，如费希尔和卡卡尔（Fisher 和 Kakkar，2002）认为比较优势是开放经济长期演进过程的结果。如图 3-1 所示。

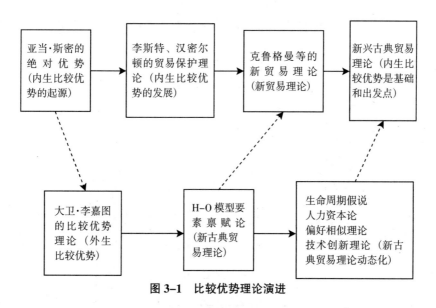

图 3-1　比较优势理论演进

二、竞争优势理论

传统的贸易理论认为，一国的产业或企业的竞争优势来自于其在生产要素（价格和生产率）方面的比较优势，新贸易理论认为一国的产业或企业的竞争优势来自于其在技术、规模等方面的优势。

鉴于此，哈佛大学商学院著名教授迈克尔·波特于 1991 年在其代表作《国家竞争优势》中，在继承发展传统的比较优势理论的基础上提出了"国家竞争优势理论"，为贸易理论的发展做出了巨大的贡献。该理论着重讨论了特定国家的企业在国际竞争中赢得优势地位的各种条件。

迈克尔·波特认为，产业国际竞争力主要有四大影响因素：生产要素，需求条件，相关及支持产业，企业战略、结构和竞争对手。除了这四大因素外，一国的机会和政府的作用，对形成该国的国际竞争地位也起辅助作用。波特认为，以上影响竞争的因素共同发生作用，促进或阻碍一个国家竞争优势的形成，由此构成了解释一国的产业或企业在国际市场上取得竞争优势的"钻石模型"。这六个因素对每一个产业的影响并不相同，更重要的是，"钻石模型"是一个动态的体系，它内部的每个因素都会相互推拉，影响到其他因素的表现。如图 3-2 所示。

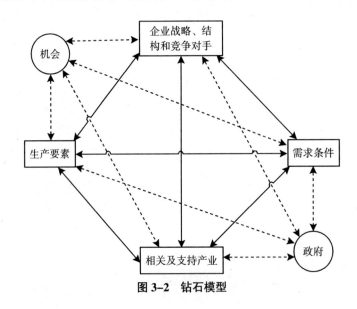

图 3-2　钻石模型

三、可持续发展理论

可持续发展理论的形成经历了相当长的历史过程，它是指既满足当代人的需要，又不对后代人满足其需要的能力构成危害的发展。与任何经济理论和概念的形成和发展一样，可持续发展概念形成了不同的流派，这些流派或对相关问题有所侧重，或强调可持续发展中的不同属性。从全球范围来看，比较有影响的有以下几类：

（1）着重于从自然属性定义可持续发展。

（2）着重于从社会属性定义可持续发展。

（3）着重于从经济属性定义可持续发展。

（4）着重于从科技属性定义可持续发展。

（5）被国际社会普遍接受的布氏定义的可持续发展。

即布伦特兰夫人主持的世界环境与发展委员会对可持续发展给出的定义："可持续发展是指既满足当代人的需要，又不损害后代人满足需要的能力的发展。"

从全球普遍认可的概念中，我们可以梳理出可持续发展有以下几个方面的丰富内涵：共同发展、协调发展、公平发展、高效发展和多维发展。在具体内容上，可持续发展涉及可持续经济、可持续生态和可持续社会三方面的协调统一，要求人类在发展中讲求经济效率、关注生态和谐和追求社会公平，最终达到人的全面发展。这表明，可持续发展虽然缘起于环境保护问题，但作为一个指导人类走向 21 世纪的发展理论，它已经超越了单纯的环境保护。它将环境问题与发展问题有机地结合起来，已经成为一个有关社会经济发展的全面性战略。

第四节　产业结构理论

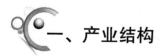

一、产业结构

所谓产业结构，即指在社会再生产过程中，一个国家或地区的产业组成即资源在产业间的配置状态，产业发展水平即各产业在国民经济总体规模中所占比重，以及产业间的技术经济联系即产业间相互依存、相互作用的方式。它包括两方面内容：一是各产业在生产上的比例关系即各产业间相互协调、平衡的发展问题，如三次产业之间、基础工业与加工工业之间的协调发展；二是产业间以投入产出为基本内容的关联关系，反映各产业间相互影响的结果。因而产业结构是经济总体中的产业多层次的组合，质的特征是产业的地位和作用，量的特征是产业所占份额，即比重。

二、产业分类理论

随着社会分工的深化，产业间的差异日趋明显，为了便于分析、研究和管理产业活动，有必要对产业进行分类。产业划分就是人们为了满足不同需要而根据某些相同或相似特征将企业的各种不同的经济活动分成不同的集合。产业分类是研究产业结构的基础，它是按一定的标准对社会各行各业进行归并分类。标准不同，所划分的产业类别也不同。常见的分类可以根据社会再生产过程中各部门的相互依存关系、社会生产活动历史发展的顺序、各生产活动在区域发展中的作用、经济活动各部门中的资源密集程度、社会部门的性质等标准来划分，主要有三次产业分类法和生产要素分类法。

所谓三次产业是第一产业、第二产业和第三产业的总称。三次产业分类法是由英国经济学家、新西兰奥塔哥大学教授费希尔首先创立的，他于1931年在其著作《安全与进步的冲突》一书中提出了三次产业的分类方法及其分类依据。他认为在世界经济史中，人类生产活动的发展有三个阶段：第一阶段，即初级生产阶段，生产活动主要以农业和畜牧业为主；第二阶段开始于英国工业革命，以工业生产大规模的迅速发展为标志，纺织、钢铁和其他制造业迅速崛起和发展；第三阶段开始于20世纪初，大量的劳动力和资本流入旅游、娱乐服务、文化艺术、保健、教育、政府等活动中。费希尔将处于初级生产阶段的产业称作第一产业，处于第二生产阶段的产业称作第二产业，处于第三生产阶段的产业称作第三产业。随后，英国经济统计学家克拉克于1940年出版了《经济发展的条件》一书，进一步阐述了三分法，把产业分为三大部门：第一部门以农业为主；第二部门是制造业；其他的经济活动归入第三部门，称为"服务产业"。此后，西方国家在划分产业时，多采用克拉克的三次产业分类法，但各国的具体划分标准并不完全一致。比较常用的三次产业分类法以经济活动与自然界的关系为标准将全部经济活动划分为三大类：将直接从自然界获取产品的物质生产部门划为第一产业，第一产业的生产过程包含一个生命再生产特别是动植物生命再生产的过程，产品形态保留了自然物质的形态；将加工取自自然界的物质生产部门划为第二产业，不包含生命再生产的过程，产品的形态已经发生了显著的变化，不再保留原来的自然物质形态；将从第一、第二产业的物质生产活动中衍生出来的非物质生产部门划为第三产业。根据这一划分标准，第一产业指广义上的农业，包括种植业、畜牧业、渔业和林业；第二产业指广义上的工业，包括采掘业和矿业、制造业、建筑业；第三产业指广义上的服务业，包括运输业、通信业、仓储业、商业贸易、金融业、房地产业、旅游业、餐饮业、文化、教育、科学、新闻、公共行政、国防、娱乐、生活服务等。三次产业分类法作为一种有效的产业经济理论分析工具，被经济学界和许多政府部门广泛采用。

在经济理论研究中使用较多的另一种产业分类方法是生产要素分类法。它根据生产过程中对不同生产要素的依赖程度，将产业划分为劳动密集型产业、资本密集型产业和知识密集型产业三类。生产要素分类法能比较客观地反映一国的经济发展水平，有利于一国根据产业结构变化的趋势制定相应的产业发展政策。

第四章 ‖ 大兴区产业发展现状及其产业结构

第一节　大兴区企业及从业概况

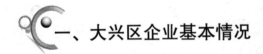 一、大兴区企业基本情况

根据大兴区第三次全国经济普查公报（见表4-1），2013年末，大兴区共有从事第二产业和第三产业的法人单位30829个，比2008年末（2008年是第二次全国经济普查年份）增加了15285个，增长了98.3%；产业活动单位2703个，增加了1367个，增长了1.02倍。第二产业、第三产业在国民经济中的地位大幅度上升，是产业结构进一步升级和优化的重要特征。

表4-1　2013年大兴区企业基本情况

	单位数（个）	比重（%）
法人单位	30829	100.0
企业法人	28047	91.0
机关、事业单位法人	777	2.5
社会团体和其他法人	2005	6.5
产业活动单位	2703	100.0

续表

	单位数（个）	比重（%）
第二产业	539	19.9
第三产业	2164	80.1

2013 年末，大兴区共有从事第二产业和第三产业的企业法人单位 28047 个，比 2008 年末增加了 13466 个，增长了 92.4%。其中，内资企业 27802 个，占 99.1%；港澳台商投资企业 73 个，占 0.3%；外商投资企业 172 个，占 0.6%。内资企业中，国有企业 193 个，占 0.7%；集体企业 595 个，占 2.1%；股份合作企业 639 个，占 2.3%；联营企业、有限责任公司和股份有限公司共 3149 个，占 11.2%；私营企业 23109 个，占 82.4%；其他内资企业 86 个，占 0.3%。

经济类型以内资企业为主，表明大兴区外向型经济总量偏小，外资企业户数少。

二、法人单位从业人员情况

2013 年末，全区第二、第三产业的法人单位从业人员达到 43.5 万人，与 2008 年末相比增加 13.4 万人，增长 44.6%。其中第二产业从业人员 18.3 万人，占 42.0%；第三产业从业人员 25.3 万人，占 58.0%。其中，第二产业规模以上企业从业人员达到 7.5 万人，与 2008 年末相比增加 0.9 万人，增长 13.6%；第三产业规模以上企业从业人员达到 12.7 万人，与 2008 年末相比增加 3.5 万人，增长 38%。

大兴区产业结构变化基本符合世界范围的产业结构演变规律，即第一产业比重下降，而第二产业、第三产业比重显著上升。第三产业比重的提高将是趋势性的，其主导作用将会进一步显现，服务业（即第三产业）超越制造业成为我国经济增长的主动力将是常态。这就意味着中国经济正在由原来的工业主导型经济向服务主导型经济转变，这种趋势将对经济增长、就业以及各个方面带来深远而持久的影响。大力发展第三产业，特别是养老、健康服务、信息消费、文化创意和设计服务等，将是大兴区当前及下一阶段经济增长的新潜力、新空间。

从行业看，批发和零售业在全部从业人员中的比重达到13.0%，比2008年末上升2.8个百分点；制造业比重为31.6%，比2008年末下降8.8个百分点；租赁和商务服务业比重为8.2%，比2008年末上升3.7个百分点。如图4-1所示。

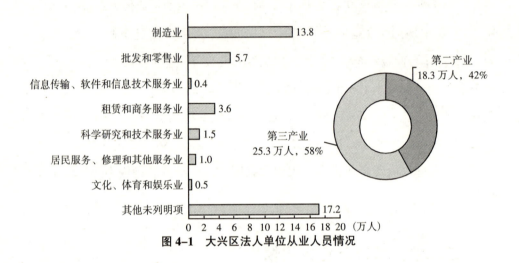

图4-1 大兴区法人单位从业人员情况

三、法人单位资产情况

2013年末，全区第二产业和第三产业的法人单位资产总量为6354.0亿元，比2008年末增加4466.1亿元，增长2.4倍。其中，内资企业6015.1亿元，占94.7%；港澳台商投资企业102.9亿元，占1.6%；外商投资企业236.0亿元，占3.7%。

全区第二产业和第三产业的法人单位资产总量主要集中在以下四个行业：房地产业2101.1亿元，占33.1%；制造业1119.6亿元，占17.6%；租赁和商务服务业1093.4亿元，占17.2%；批发和零售业597.9亿元，占9.4%。如图4-2所示。

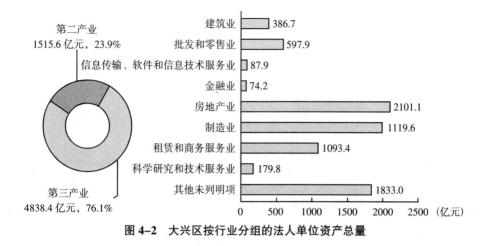

图4-2　大兴区按行业分组的法人单位资产总量

四、规模以上企业经济发展基本状况

1. 从固定资产规模来看

通过对大兴区第三次经济普查数据进行整理（见图4-3）得知，大兴区近年来第二产业上规模企业的固定资产规模维持在124亿元左右，投资规模总体上稳中有升，稳健增长。其中，上规模的工业和建筑业的固定资产同比增幅分别在2012年以27.8%、22.1%达到顶峰，之后增速开始下降，但仍以较高的速度增长。第三产业近年来上规模企业的固定资产投资以较快的速度增长，其中最明显的是信息传输、计算机服务和软件业与房地产开发经营。前者自2011年以来上规模企业的固定资产规模以20%的速度增长，尤其是2013年，当年的增速同比超过了400%。这也显示了大兴区政府对该产业的重视。后者从2009年以来一直以较快的速度增长，2010年该行业上规模企业的固定资产投资规模以近90%的增速在近五年里达到顶峰，这可能与近年居民买房、炒房有关，但随着"房地产泡沫"到来，随后下降。尤其在2012年，固定资产规模大幅减持，与2011年相比同比下降44%，但2013年开始仍然以同比20%的增速增长。总体趋势表明房地产由开始的炒房投机向正常的市场开发交易转变，开始步入健康的市场轨道，同

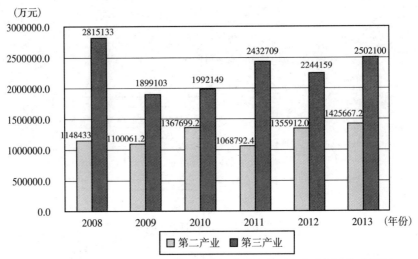

图 4-3　2008~2013 年大兴区第二、第三产业规模以上企业固定资产情况

时说明该行业整体上开始趋于平稳发展。

　　除此之外，交通运输、仓储和邮政业与金融等上规模企业的固定资产投资规模的变化规律也比较显著，2012 年以来以 20% 的增速领跑，这也与近年来大兴区铁路、公路等交通运输网络的发达以及快递等物流运输业的快速发展有重大关系。发达的交通运输业也为当地经济快速发展做了铺垫。金融业比较特殊，它本身不仅是一个产业，同时与各行业息息相关，是各行业的资金源头，经济发展和强大离不开金融业的哺乳。因此，该行业的发展规模以及健康水平在一定程度上影响着当地的实体经济。通过大兴区第三次普查数据可知，金融业上规模企业的固定资产规模增幅在近五年来以比较快的速度增长，特别是在 2010 年以超过 200% 的投资增速增长，随后增速大幅下滑。该行业固定资产增速波动规律与房地产业和房地产开发经营等行业固定资产增速波动规律极为相似，都是在 2010 年达到顶峰，这再次说明金融市场的重要性。

　　总的来说，第二、第三产业上规模企业的固定资产规模整体上呈现平稳发展，而且第三产业固定资产规模增速比第二产业要快。这符合国家经济结构改革的趋势，即从由投资拉动国民经济增长向由消费拉动经济增长转变；同时也符合产业演变的规律，贫困或发展中国家的第一、第二产业在国民经济中比重较大，第三产业占比小，而发达国家第三产业对 GDP 的贡献高达 70% 以上。随着我国产业结构的调整和发展，适当增加第三产业投资是非常正常的。

2. 从主营业务收入来看

通过大兴区第三次经济普查数据可知：首先，从行业收入结构看，近年来大兴区各行业创收比例排名前六位的行业分别是（从前往后排）：工业—批发零售业—建筑业—房地产业—房地产开发经营—交通运输、仓储、邮政业。其中，前五个行业的主营业务收入占所有行业总和的 90% 以上。近年来，工业的创收比例略微下降，但仍然排在第一位；批发零售业收入占比没变；建筑业收入占比略微下降，仍处在第三位；房地产业和房地产开发经营收入占比分别上升，创收比例分别排第四、第五位。交通运输、仓储、邮政业比例则不变，位列第六。从行业收入结构来看，第二产业占据较大的比例。其次，从行业主营业务收入增长率看，工业、建筑业、交通运输业、住宿餐饮业、科学研究和技术服务业以及教育行业的主营业务收入在 2010 年分别以 24.8%、86.4%、23.6%、34.0%、88.1%、62.0% 的增长率达到该普查期本行业的顶峰，随后呈现下降趋势，但近年来仍保持两位数的增长率；房地产业和房地产开发经营的主营业务收入增速最快是在 2009 年，分别达到 92.2%、107.9%，随后开始下滑，不过近年来又呈现高位增长态势，2015 年上半年仍以同比超过 50% 的速度快速增长；金融行业在 2012 年主营业务增速达到顶峰，当年以近 800% 的速度高速增长，随后以同比-35% 的速度大幅缩减，这可能与当年行业政策或经济行情的变化有关，也可能与企业经营不善有关。

除此之外最值得一提的是，信息传输、计算机服务和软件业，租赁和商务服务业，居民服务、修理和其他服务业，水利、环境和公共设施管理业，以及批发和零售业维持着高速增长，并于 2013 年达到该普查期的顶峰。尤其是信息传输、计算机服务，软件业，租赁和商务服务业以及水利、环境和公共设施管理业，从 2010 年以来主营业务收入一直维持两位数，稳中快速增长，2013 年增速分别为 128.0%、214.0%、82.9%，可以看出这三个行业的成长性非常好。其他两个行业的成长性虽然也不错，如居民服务、修理和其他服务业在 2013 年主营业务收入增长率高达 500%，但其稳定性不及以上三个行业。因此，从主营业务收入增长率或者从成长性来看，比较稳健而且快速发展的还是信息传输、计算机服务和软件业，租赁和商务服务业以及水利、环境和公共设施管理业这三个行业。

注意：①以上所分析、描述的行业均为上规模企业的整体状况；②描述过程中所提到的"该普查期"、"近五年"指的是 2009~2013 年。

五、大兴区经济发展趋势

初步核算，2013 年新区实现地区生产总值 1345.1 亿元，比上年增长 10.3%；三次产业比重为 1.7∶57.0∶41.3。其中，大兴区地区生产总值实现 431.6 亿元，比上年增长 10.2%，三次产业比重为 5.4∶39.3∶55.3。开发区地区生产总值实现 913.5 亿元，比上年增长 10.4%，二、三产业比重为 65.3∶34.7。如表 4-2、图 4-4、图 4-5 所示。

表 4-2 大兴区经济发展情况核算

年份	生产总值（亿元）	增长（%）	三次产业比重
2011	1135.0	12.0	
2012	1215.0	7.2	
2013	1345.1	10.3	1.7∶57.0∶41.3
2014	1472.5	9.0	

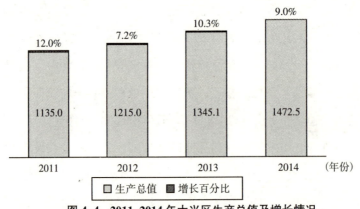

图 4-4 2011~2014 年大兴区生产总值及增长情况

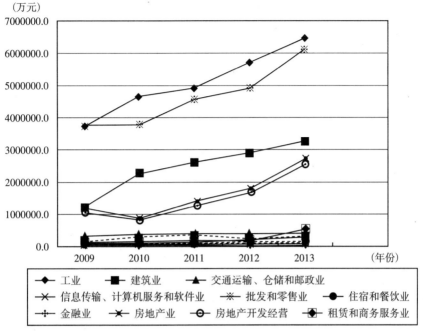

图4-5　2009~2013年大兴区各行业主营业务收入趋势

第二节　大兴区十大重点产业发展情况分析

为了加快发展高技术制造业、战略性新兴产业和高端服务业，增强产业发展持续性、产业体系集群性、产业组合协同度，培育一批有影响力的"北京创造"品牌，发挥产业链龙头企业的带动作用，形成若干个千亿级和百亿级产业群，大兴区应重点发展四大主导产业、三大新兴产业和三大支撑产业，形成十大产业"四三三"的发展格局。

 一、四大主导产业

2013 年，新区规模以上四大主导产业实现产值 2355.2 亿元，比上年增长 6.0%。其中，电子信息业完成产值 871.4 亿元，比上年下降 0.6%；装配制造业完成产值 603.8 亿元，比上年下降 0.5%；生物工程和医药产业完成产值 272.2 亿元，比上年增长 2.8%；汽车及交通设备产业完成产值 607.8 亿元，比上年增长 28.3%。如表 4-3、图 4-6 所示。

表 4-3　2013 年大兴区四大主导产业产值情况

	产值（亿元）	增长（%）
电子信息业	871.4	−0.6
装配制造业	603.8	−0.5
生物工程和医药产业	272.2	2.8
汽车及交通设备产业	607.8	28.3

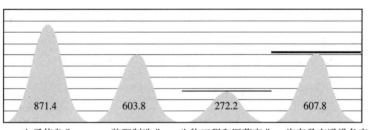

871.4	603.8	272.2	607.8
电子信息业	装配制造业	生物工程和医药产业	汽车及交通设备产业

图 4-6　2013 年大兴区四大主导产业产值情况

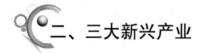 二、三大新兴产业

2013 年，新区新能源和新材料产业实现产值 579.9 亿元，比上年下降 3.1%；实现利润总额 51.2 亿元，比上年增长 66.1%。航空航天产业实现产值 14.9 亿元，比上年增长 16.4%；实现利润总额 1.4 亿元，比上年增长 7.9%。文化创意产业实现产值 541.9 亿元，比上年增长 12.4%；实现利润总额 7.6 亿元，比上年增长

3.8%。如表 4-4、图 4-7 所示。

表 4-4   2013 年大兴区三大新兴产业产值情况

	产值（亿元）	增长（%）	利润总额（亿元）	增长（%）
新能源和新材料产业	579.9	-3.1	51.2	66.1
航空航天产业	14.9	16.4	1.4	7.9
文化创意产业	541.9	12.4	7.6	3.8

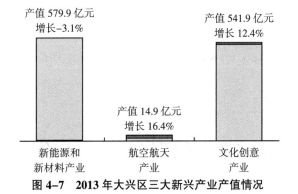

图 4-7   2013 年大兴区三大新兴产业产值情况

三、三大支撑产业

2013 年，新区生产性服务业实现收入 1408.4 亿元，比上年下降 2.1%；实现利润总额 57.8 亿元，比上年增长 12.5%。科技创新服务业实现收入 197.2 亿元，比上年下降 0.2%；实现利润总额 16.5 亿元，比上年下降 2.1%。都市产业中，都市农业实现收入 17.6 亿元，比上年增长 6.6%；都市服务业实现收入 293.6 亿元，比上年增长 1.2%。如表 4-5、图 4-8 所示。

表 4-5   2013 年大兴区三大支撑产业收入情况

		收入（亿元）	增长（%）
生产性服务业		1408.4	-2.1
科技创新服务业		197.2	-0.2
都市产业	都市农业	17.6	6.6
	都市服务业	293.6	1.2

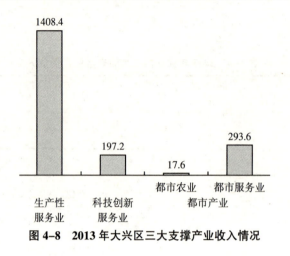

图4-8 2013年大兴区三大支撑产业收入情况

第三节 大兴区产业结构分析

一、大兴区三次产业结构总体变动

表4-6和图4-9、图4-10清晰地反映了一段时间内大兴区三次产业结构的变化过程，大兴区三次产业结构的变化过程与一般产业结构的变化规律基本一致。2005~2013年，大兴区第一产业产值比重呈下降趋势；第二产业产值比重在一定时期内处于下降趋势，然后趋于平稳的波动状态；第三产业产值比重随时间推移和经济的发展呈上升趋势，而且将会取代第二产业的主导地位，变成推动经济发展的主要力量。通过表4-6的数据来看，2005~2013年，大兴区第一产业的产值比重从9.2%下降到5.4%；第二产业的产值比重由45.4%下降到39.3%；一直处于上升趋势的是第三产业。由此可见，大兴区的产业结构在2005~2013年发生了较明显的变化。

表 4-6 大兴区三次产业产值结构状况

年份	生产总值构成（%）		
	第一产业	第二产业	第三产业
2005	9.2	45.4	45.4
2006	8.3	43.6	48.1
2007	7.7	45.2	47.1
2008	7.4	40.8	51.8
2009	6.4	37.2	.56.4
2010	5.6	37.6	56.8
2011	5.3	39.1	55.6
2012	5.2	38.7	56.1
2013	5.4	39.3	55.3

图 4-9 大兴区三次产业结构变化趋势

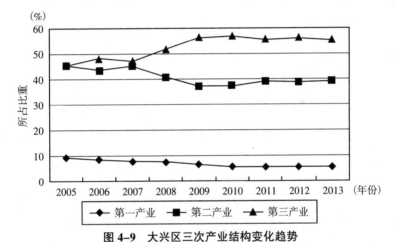

图 4-10 2013 年大兴区三次产业结构

通过分析大兴区 2005~2013 年三次产业产值结构的变化，可以看出，大兴区的第三产业占据了首要的经济地位，成为拉动大兴区经济发展的支柱产业。大兴区的第三产业将在一个很长的时期内继续引导区内经济的发展，产业政策也应该继续鼓励第三产业的发展，增加对第三产业的投入。至于第二产业竞争力的进一步增强，则需要大兴区调整发展政策，加大对高技术产业、绿色产业、知识密集型产业等的投入和研发，改变过去陈旧的工业模式，以可持续发展为基本原则发展工业经济。

二、大兴区与其他市辖区的三次产业结构比较

产业结构的调整和升级是支撑、维系经济长期高速增长的最重要的动力之一。但是，目前的经济高速增长背后隐含着一些突出的结构性矛盾和严峻的就业压力，而且这种高速度的增长在地区间并不平衡。分析产生差距的深层次原因，有助于解决现有的矛盾，协调大兴区的经济发展。通过对北京市其他区三次产业结构的分析比较，可以找出大兴区产业结构存在差异的原因。

这里用静态比较的方法对大兴区的产业结构现状进行分析。静态比较的内容是各个区域某一时点上的产业结构本身的效益及在区际分工中的相对地位。本报告通过量化方法，对大兴区与北京市其他辖区之间的三次产业结构效益、产业结构变动、产业结构对经济增长的贡献三个方面，进行总体上的宏观比较。

根据 2013 年底各辖区人均 GDP 的排序及区域特点，本节选取七个具有代表性的市辖区与大兴区的产业结构现状做比较分析，这七个辖区是东城区、西城区、朝阳区、丰台区、昌平区、房山区、顺义区。如表 4-7、图 4-11 所示。

表 4-7 北京部分市辖区三次产业产值结构状况

市辖区	生产总值构成（%）		
	第一产业	第二产业	第三产业
东城区	0	4.20	95.80
西城区	0	9.80	90.20
朝阳区	0.04	10.03	89.93

市辖区	生产总值构成（%）		
	第一产业	第二产业	第三产业
丰台区	0.10	23.30	76.60
昌平区	1.80	45.70	52.50
房山区	3.70	58.20	38.10
顺义区	2.10	45.90	52.10
大兴区	5.40	39.30	55.30

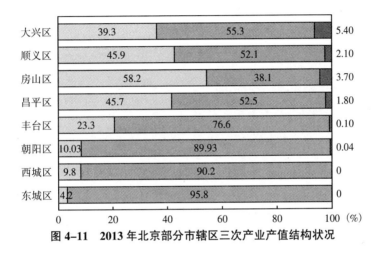

图4-11　2013年北京部分市辖区三次产业产值结构状况

第四节　大兴区优势产业分析

一、大兴区优势产业发展的必要性

就目前产业发展状况来看，大兴区有着较大的经济发展潜力，但目前还存在着许多亟待解决的难题，如三次产业结构问题、制造业转型和升级问题等。对于怎样解决这些问题，学术界提出了不同的方案，也进行了大量的研究，如大力发展主导产业、大力发展支柱产业等，然而这些措施目前还没有收到明显成效。究其原因，很大程度上在于产业发展的地区优势没有很好地发挥出来，没有真正实现"扬长避短"。

所以，在产业优化和经济发展过程中，发挥地区"优势"就显得尤为重要。而要解决这个问题，就需要我们在前人研究的基础上再拓宽思路，充分发挥地区"优势"，而"优势产业"发展的新思路就是其中重要一环。优势产业的全面性、区域性、个性正好能够为当前大兴区发展存在的问题提供分析和解决方案，因此，大兴区优势产业研究逐渐显示出其必要性和重要性。

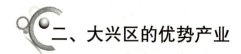

二、大兴区的优势产业

2013 年大兴区重点发展的十大产业产值情况如表 4-8 和图 4-12 所示。

表 4-8 2013 年大兴区各产业产值情况

		产值（亿元）	增长（%）
电子信息业		871.4	-0.6
装配制造业		603.8	-0.5
生物工程和医药产业		272.2	2.8
汽车及交通设备产业		607.8	28.3
新能源和新材料产业		579.9	-3.1
航空航天产业		14.9	16.4
文化创意产业		541.9	12.4
生产性服务业		1408.4	-2.1
科技创新服务业		197.2	-0.2
都市产业	都市农业	17.6	6.6
	都市服务业	293.6	1.2

从图 4-12 和表 4-8 可以看出，大兴区生产性服务业产值总量规模最大，其次是电子信息业、装配制造业、汽车及交通设备产业、新能源和新材料产业以及文化创意产业。

从总量上看，生产性服务业产业规模不断扩大，对于经济发展的拉动能力有所增强。而且其就业规模持续扩大，2013 年，大兴区生产性服务业共吸纳就业 10.3 万人，比 2008 年增长 115.2%，各领域人员增幅均在 80% 以上。在大兴区的

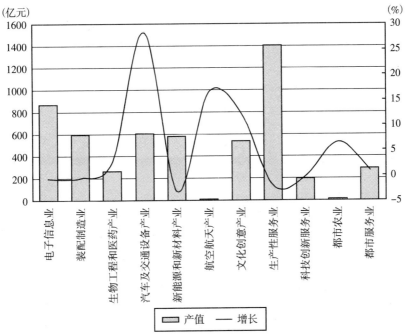

图 4-12　2013 年大兴区各产业产值情况

生产性服务业中，流通服务一直占据主导地位。2013 年，流通领域实现收入
789.1 亿元，占产业总收入的 82.9%。然而从所占比重来看，与 2008 年相比，流
通领域收入比重有所下降，而信息服务、商务服务的比重则有所提升，显示出产
业内部结构优化、高端行业比重逐步升高的趋势。随着产业内部结构优化进程加
快，商务服务在产业中所占比重不断提升，对于产业发展的拉动作用明显增强，
是大兴区生产性服务业中发展最快的领域，同时也显示出其强有力的发展趋势。
另外，一直以来大兴区金融服务单位数量少、所占比重低，对产业发展的推动作
用不明显。然而近几年受经济大环境的影响，大兴区的金融服务发展迅速，行业
规模和经济量指标均有明显增长。

　　除了生产性服务业为大兴区带来的各种经济效益外，丰富的文化底蕴、便捷
的交通、得天独厚的自然环境，也使大兴区汇集了产业发展不可或缺的人才、技
术和资本，一个包括影视编播制作、动漫设计、出版印刷等在内的文化创意产业
正在大兴这片土地上生根发芽、茁壮成长。

第五章 大兴区重点产业现状分析评价与发展对策

第一节　评价指标体系的建立

评价就是对客观对象进行评定、判断和比较，评价指标体系是围绕评价对象构建的一个综合指标体系，用以对评价对象的经济效益、发展水平等方面进行综合评估。要想对大兴区重点产业进行分析评价，需要构建一套完整的指标体系。虽然根据评价对象、评价目的和评价标准的不同所建立的评价指标体系也会有所不同，但是有一点是通用的，那就是规范的构建原则。

一、评价指标体系的构建原则

要做到对大兴区重点产业现状的分析评价尽可能地接近实际的发展状况，关键在于建立一套科学、完整且实用的指标体系，也即应该具有规范的原则与过程，因此我们必须在保证真实评价的前提下，考虑以下原则。

1. 指标选择的全面性

全面性是指在选择指标时应该包括与问题有关的各个方面，能全面反映评价对象的特征，不能有所缺漏。评价指标体系必须能够反映大兴区重点产业发展状况的各个方面，并使评价目标和评价指标有机联系起来，形成一个层次分明的整体。

2. 指标体系的科学性与指导性

科学性是建立在全面性的基础上，应用科学的方法将所选择的指标进行筛选、组合、量化。为了能够全面系统地分析问题，我们必须考虑各方面不同的影响因素或指标，而每个因素或指标都会在不同程度上反映出一些信息，并且因素或指标之间存在一定的相关性，那么就会在得到的统计数据中出现重叠的情况，因此应采用信度和效度检验对指标进行筛选，剔除信度和效度较低的指标。另外，合理地分配各因素的权重也是评价指标体系进行量化评价的关键，权重的赋值是否合理直接影响到评价的科学性。

指导性是指一个科学的指标体系建立后，能够通过该体系找出问题的根结，并能够据此提出具有指导性的意见，也就是通过指标体系构建数学模型并说明经济问题。

3. 指标体系的动态修正性

一个完整的指标体系在完成相应的评价功能后，应该具备动态修正的功能，也就是说，在对目标对象进行评价的同时，可以逐渐优化指标体系，修正指标权重，从而使评价指标体系的权威性更高、通用性更强。

二、评价指标体系的构建

根据上述几点原则，结合评价所需数据的可取性，从以下方面对大兴区重点产业进行分析评价。

1. 产业规模

产业规模是反映产业现状的一个重要组成部分。产业规模是从整体方面来体现产业现状的，也从一个侧面反映了产业的发展水平。产业规模包括企业数量、资产总量、工业总产值和从业人员数四个方面，它们分别从产业所涵盖的企业数量、产业的资产总量和产值以及总体吸纳就业情况等来反映产业规模。

2. 产业经济效益

产业经济效益也是产业现状的一个重要组成部分。只有具有经济效益才会有持续发展的动力，才能为技术创新、环境保护提供支持，才能进一步壮大产业规模，改善产业结构。我们主要从经济效益总量和经济效益质量及贡献两方面来评价产业经济效益。其中，经济效益总量包括工业销售产值、工业增加值、主营业务收入、利润四个子指标；经济效益质量及贡献包括劳动生产率、工业增加值率、产业销售率、总资产增加值率四个子指标。

根据以上内容所构建的大兴区重点产业评价指标体系如图 5-1 所示。评价指标体系中的指标有些可以直接从 2013 年大兴区第三次全国经济普查的相关数据中提取，有些则是根据经济普查数据加工计算得出的。

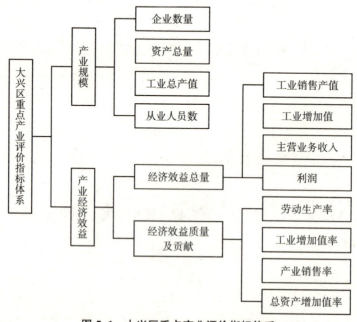

图 5-1 大兴区重点产业评价指标体系

第二节　大兴区重点产业现状评价分析

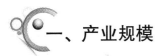 **一、产业规模**

2013 年大兴区重点产业规模情况如表 5-1 所示。

表 5-1　2013 年大兴区重点产业规模情况

重点产业	企业单位数（家）	资产总计（万元）	工业总产值（万元）	从业人员年平均人数（人）
电子信息业	94	2124474	1480408	5106
装配制造业	687	10393875	10072797	37790
生物工程和医药产业	57	4297812	622888	4430
汽车及交通设备产业	196	1913956	14096296	22208
新能源和新材料产业	49	399252	2579754	3618
航空航天产业	15	214962	274182	2716
文化创意产业	69	481796	710695	5206
生产性服务业	463	6478534	12177403	299984
科技创新服务业	37	305128	469871	3277
都市农业	344	5008323	6373939	22326
都市服务业	76	875970	823916	4983

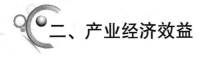 **二、产业经济效益**

2013 年大兴区重点产业经济效益情况如表 5-2 所示。

表 5-2　2013 年大兴区重点产业经济效益情况

重点产业	工业增加值		主营业务收入		工业销售产值		利润总额(万元)
	数额(万元)	比重(%)	数额(万元)	比重(%)	数额(万元)	比重(%)	
电子信息业	471105	—	520667	2.09	1442712	10.92	4130000
装配制造业	2921124	15.47	975925	4.34	9676505	19.44	3920000
生物工程和医药产业	253536	1.68	599586	2.63	551326	5.66	1990000
汽车及交通设备产业	2907276	14.89	1358232	5.49	1386667	10.71	3780000
新能源和新材料产业	825968	7.01	3539244	9.54	2550919	12.57	5120000
航空航天产业	521649	4.72	325714	0.81	324671	3.31	140000
文化创意产业	771291	6.38	891346	4.01	552361	7.16	760000
生产性服务业	4319765	18.21	5716961	12.26	7511293	16.97	5780000
科技创新服务业	634129	4.97	2615187	7.87	397184	3.72	1650000
都市农业	2951116	15.94	4382479	11.75	6358649	16.28	390000
都市服务业	915368	7.13	978218	4.79	2143817	12.03	2120000

第三节　大兴区重点产业发展对策

通过上述对大兴区重点产业发展问题的分析，提出以下发展对策和建议。

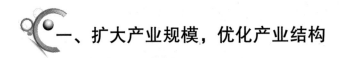

一、扩大产业规模，优化产业结构

1. 全力支持现有优势企业扩大规模，进一步优化产业结构

一方面，对大型企业来说，应通过吸引外来资金，采用资产重组、整合等方式，运用高新技术和先进技术对传统制造业进行改造提升；另一方面，要扶持优势企业上规模，通过拓宽融资渠道、用地规划、费用减免、财政扶持等一系列措施，重点扶持一批项目科技水平高、市场前景广阔的高新技术企业，并培育出一

批技术水平一流、年销售收入超亿元的高新技术企业，形成集群优势。从主导产业的角度来说，可以采取以大企业龙头带动产业链，以大带小、以优汰劣的措施，促进产业结构调整，提升产业结构水平。

2. 大力发展具有增长潜力的高新技术产业

在发展产业集群的同时，也要发展和壮大高新技术产业，以高新技术产业带动传统产业的快速发展。在大兴区十大产业中，高新技术产业有航空航天产业、新能源和新材料产业、电子信息业以及生物工程和医药产业。对于高新技术产业，在研发—生产—销售产业链上，要努力向技术、市场两端靠拢。在技术方面，要加强自主创新。在产业发展模式方面，既要实施集群战略，还要实施分工战略，将产业链的各个环节安排到最适合的地方发展，以实现最优配置。在企业培育方面，必须打造一批优势企业，突出特色产业，对中小科技企业进行政策扶持以及进行技术和人才服务，为培育优势企业、壮大高新技术产业规模做准备。

3. 要加快第三产业的发展

对大兴区来说，在继续发挥传统行业优势，大力扶持和促进科技型、知识型服务业发展的同时，还应优先发展直接为生产生活服务的行业，如商业服务、住宿餐饮、交通物流等服务业，建成与大兴区经济发展相适应的多层次、多形式的现代服务网络。在保证服务设施配套的前提下，加快科技型、知识型服务业的发展，为大兴区重点产业的发展提供有力的支持。

二、建立创新体系，提高企业竞争力

1. 建立创新体系，提高经济效益

创新是全面提高各产业经济效益和利润水平的必要措施。创新体系的建立主要包括以下方面：

（1）结构创新。首先要调整区域经济结构，使国民经济布局在空间上有一个大的改善。其次要调整企业规模结构，提高企业的核心竞争力。要以市场需求为导向，以技术创新为动力，以采用高新技术为突破口，通过兼并、联合等方式，对现有企业的规模结构进行战略性重组。

（2）技术创新。对大兴区来说，首先应该通过对科技资源的整合、集成，形成对区域经济增长有重大带动作用的高新技术产业群。同时，选择少量的、关键性的核心技术，与研究院所、大学、企业结成联盟，共享成果，走配套、协作、联合之路。此外，要把企业组织起来，结成企业联盟和产业联盟，探索和构建新时期产学研结合、优势互补与良性互动的新技术产业发展模式。

2. 加强信息网络建设，大力推进全市经济信息化

（1）积极推进信息技术的推广应用。

（2）企业要在生产信息化、产品信息化、营销信息化、管理信息化上下功夫，通过信息化来改变生产方式，提升管理水平。

（3）加快信息资源的开发、整合和利用。

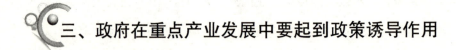三、政府在重点产业发展中要起到政策诱导作用

1. 重视资本营运工作

做好建设性资金的营运，建立起科学完备的国有资产监管—营运—经营体系。鼓励民间投资，政府应运用政策刺激社会资本直接投资，引导融资向大项目倾斜。

2. 完善相应的法律法规，全面建设节约型社会，实现可持续发展

为建设资源节约型社会，政府应制定各类行业、企业和高能耗设备的能耗规定指标，建立能进能出的市场准入和退出机制。大力发展循环经济，在全社会提

倡绿色生产生活方式和文明消费。

3. 进行产业链的顶层设计

产业要形成链条，就需要顶层设计，如果每个区域都自己设计一套，就无法形成城市经济的一体化。产业链只有在全区范围内进行顶层设计，生产要素才能在更高层次上实现整合和优化。大兴区可以利用本地优势，集中引进产业关联性强的企业，形成优势产业集群，降低单独企业的运营和创新成本，提升对外部风险的抵御能力，带动周边地区的产业升级。

第六章 | | 大兴区主导产业实证评析及建议

第一节　产业结构和竞争力的偏离份额分析

主导产业作为一个地区的战略性产业，对该地区经济体系现在和未来发展具有支撑和导向作用。科学合理地选择地区的主导产业对该地区经济社会健康、可持续发展具有重要作用。本章首先从宏观层面对大兴区的第一、第二、第三产业的结构和竞争力进行分析，得到该地区产业结构特点，并与北京市三大产业结构进行对比，挖掘本区的优势和劣势。其次从中观层面对大兴区的产业群进行分析和遴选，最终得出该区的主导产业。最后对产业的实证分析结果进行评析并提出建议。

一、偏离份额分析法

为进一步挖掘产业背后的数据规律和分析大兴区产业结构的合理性，下面引入偏离份额分析法对大兴区的产业结构和竞争力进行分析。偏离份额分析（Shift-Share Analysis）方法是由美国经济学家丹尼森·B.克雷默于1942年提出的，后来由 E.S.邓思和埃德加·胡佛等在应用中做了进一步发展，现已成为国际学术界通用的用于分析区域发展变动决定因素的基本方法。其基本思路是：地区经济增长率的差别可以从产业结构因素和竞争力因素两个方面予以统计说明（竞争力因素指除产业结构以外的生产力水平、经营管理水平、投资规模等各方面因素）。它将研究区域的经济增长与标准区域（通常指整个国家或整个省）的经济增长联系起来比较，认为区域经济增长与三个因素有关，即地区份额因素、产业结构偏离因素、竞争力因素。

一个地区的经济增长（G）可以分为三个部分，即地区增长份额（RS）、产业结构偏离份额（PS）、竞争力偏离份额（又称为区位偏离份额）（DS），其用公式表示为：G = RS + PS + DS。

e_i^T 为某一区域 i 产业在 T 时刻的经济规模，i = 1，2，…，n。

E_i^T 为标准区域 i 产业在 T 时刻的经济规模，i = 1，2，…，n。

E^T 为标准区域在 T 时刻的总经济规模，即 GDP。其中 $E^T = \sum_{i=1}^{n} E_i^T$，T = 0 或 t，0 表示基期，t 表示计算期。

1. 地区增长份额

$$RS = e_i^0 \left(\frac{E^t}{E^0} - 1 \right) \text{ 或 } RS = \sum_{i=1}^{n} e_i^0 \left(\frac{E^t}{E^0} - 1 \right)$$

上面公式中，RS 代表该区域 0 时刻第 i 产业值或各产业值均按标准区域 GDP 总增长率（从 0 到 t 时刻）增长所应实现的增长份额。将这种假定的增长水平同实际的增长水平相比较，如果低于实际增长水平，则该区域总偏离值为正，即 G - RS > 0；反之，则 G - RS < 0。

2. 产业结构偏离份额

$$PS = e_i^0 \left(\frac{E_i^t}{E_i^0} - \frac{E^t}{E^0} \right) \text{ 或 } PS = \sum_{i=1}^{n} e_i^0 \left(\frac{E_i^t}{E_i^0} - \frac{E^t}{E^0} \right)$$

上面公式中，PS 代表该区域 0 时刻第 i 产业值或各产业值按照标准区域第 i

产业增长率计算的增长额与按照标准区域 GDP 总增长率所实现的增长额之差，反映了该区域第 i 产业随标准区域第 i 产业增长（或下降）而增长（或下降）的情况。若某一地区以快速增长型产业为主，则 PS > 0；反之，则 PS < 0。

3. 竞争力偏离份额

$$DS = e_i^0 (\frac{e_i^t}{e_i^0} - \frac{E_i^t}{E_i^0}) \ 或 \ DS = \sum_{i=1}^{n} e_i^0 (\frac{e_i^t}{e_i^0} - \frac{E_i^t}{E_i^0})$$

上面公式中，DS 代表该区域 0 时刻第 i 产业值或各产业值按照该区域同一产业增长率实现的增长额与按照标准区域同一产业增长率所实现的增长额之差，反映了与标准区域相比，该区域在发展第 i 产业方面具有竞争（区位）优势或劣势。若某个地区竞争力高于标准区域水平，则 DS > 0；反之，则 DS < 0。

二、以北京市为标准区的大兴区三次产业偏离份额分析

以 2008 年为基期，2013 年为计算期，以北京市作为标准区对大兴区进行分析。

表 6-1　大兴区、北京市 2008~2013 年 GDP 和三次产业产值（亿元）

区域	产业	2008 年（亿元）	2013 年（亿元）	增量 G（亿元）	增长率（%）
大兴区	生产总值	230.45	431.7	201.1687	87.29
	第一产业	16.94	23.1	6.1638	36.39
	第二产业	94.05	169.7	75.6471	80.43
	第三产业	119.46	238.9	119.4378	99.98
北京市	生产总值	10488.00	19500.6	9012.6000	85.93
	第一产业	112.80	161.8	49.0000	43.44
	第二产业	2693.20	4352.3	1659.1000	61.60
	第三产业	7682.00	14986.5	7304.5000	95.09

将表 6-1 中的数据代入偏离份额分析法数据分析模型中，计算得出大兴区三次产业以北京市为标准区的偏离份额分析结果，如表 6-2 所示。

表6-2　以北京市为标准区的大兴区三次产业偏离份额结果

	北京 GDP		RS 地区增长份额	PS 结构偏离份额	DS 竞争力偏离份额	T 总偏离 (PS+DS)
	增长量 (亿元)	增长率 (%)				
总产值	9012.6	85.93	198.03	−19.50	22.37	2.87
第一产业	49	43.44	14.55	−7.20	−1.19	−8.39
第二产业	1659.1	61.60	80.82	−22.88	17.71	−5.17
第三产业	7304.5	95.09	102.66	10.93	5.85	16.78

对数据处理结果的分析如下：

（1）由表6-1可以看出，以北京市为标准区，大兴区在2008~2013年生产总值增长幅度为201.1687亿元，增长率为87.29%，比北京市同期经济增长率85.93%略高1个百分点。由表6-2可知，增长的201.1687亿元主要来自于当地的地区增长份额（RS > 0），结构偏离份额为零（PS = 0）。而竞争力偏离对其总产值的贡献为22.37亿元，近11个百分点，说明大兴区产业的竞争力还是比较强的。

（2）大兴区第一产业在2008~2013年增长幅度为6.1638亿元，增长率为36.39%，低于北京第一产业同期增长份额，这可能是由于该地区产业结构调整的结果。其中，地区增长份额为14.55亿元，结构偏离导致经济负增长（PS = −7.2亿元），竞争力偏离导致经济下滑近1.2亿元，总偏离为 T = −8.39亿元，属于增长滞后型。第一产业结构反向偏离符合产业结构的演变规律，属于正常现象，但是第一产业劳动生产率低、综合生产能力差、经济效益低并不符合产业结构的发展规律。

（3）由表6-1可知，该地区第二产业经济总产值增幅为75.6471亿元，增长率为80.43%，比北京同期该产业61.60%的增长率高出18.83%，这也是该地区总产值增长率高于北京总产值增长率的主要原因之一。由表6-2可知，该地区的地区增长份额为80.82亿元，由于结构偏离而导致产值减少22.88亿元。但通过表6-2可以看出，DS = 17.71亿元，说明产业还是很有竞争力的。由于结构的偏离，当地经济产值相对反向偏离5.17亿元。随着当地进行经济结构战略性调整和优化，适当下调第二产业占比、发展第三产业符合产业结构演变规律。

（4）第三产业总产值在 2008~2013 年增幅为 119.4378 亿元，增长率高达 99.98%，高于北京市第三产业同期 95.09% 的增长率，是对大兴区该期间生产总值增幅贡献最大的产业。这也说明该地区的第三产业得到了快速发展。由表 6-2 可知，RS = 102.66 亿元 > 0，PS = 10.93 亿元 > 0，DS = 5.85 亿元 > 0，T = 16.78 亿元 > 0，说明该地区第三产业的增长空间很大，由于结构调整而产生正效应，并且当地第三产业的竞争力也比较强。

总体来看，该地区第二、第三产业的总产值增长空间还很大，尤其是第三产业，其在 2008~2013 年产值近乎翻倍增长，这与第三产业的蓬勃发展有着必然关系。但通过表 6-2 来看，在此期间第一产业结构调整导致该地区经济减少 7.2 亿元，第二产业结构调整导致该地区经济减少 22.88 亿元，而第三产业结构调整只增长了 10.93 亿元，总体上结构偏离导致经济产值偏离值为 -19.5 亿元，可能是由于第三产业还没有形成规模经济以及与经济环境等有关。总之，大兴区的经济结构还是比较合理的，其产业竞争力也比较强。

第二节　大兴区主导产业的选择分析

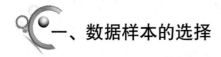

一、数据样本的选择

根据大兴区现有的产业发展水平，结合主导产业的内涵判断，再结合统计指标的可获得性，本章研究的大兴区主导产业的备选范围主要集中在工业部门。根据罗斯托的主导产业理论，主导产业与其他产业相比，应该是具有高增长、高关联度、高技术进步率的产业。工业是一个地区经济发展的主体，区域工业化的发展水平则直接决定了整个区域产业体系的发展水平和发展前途。根据大兴区现处的工业化阶段，工业产业部门中的某些行业不论在对技术进步率的提高方面，还是在经济效益和带动其他产业发展方面，都具有农业和服务业不可替代的优势。该产业不仅能通过技术的进步获得自身的高速发展，还能通过本产业的发展带动与其关联的其他产业的发展，从而带动整个区域的产业结构朝着有利于本产业发展的方向演进，进而产业速度增长的动力越强，竞争优势越显著。因此，本章对大兴区主导产业进行定量选择的备选行业主要集中在工业产业部门。

本报告主要选取大兴区 29 个行业（主要是工业）2008~2013 年的经济数据进行计算和分析。数据主要来源于大兴区第三次经济普查以及期间各年份的国民经济和社会发展公报。

二、大兴区产业区位商分析

区位商是区分地域分工格局的基本指标，它说明在地域分工中某种产业或产品生产区域化的水平，通过产业或产品生产区域化的比较，也就显现出地域分工的基本格局，是现代经济学中常用的分析区域产业布局和产业优势的指标。区位商又称专门化率，它是一个地区某种产业生产产值（或劳动力人数）在该地区所有产业产值中所占的比重与全国该产业产值占全国所有产业该指标的比重之比。区位商的公式如下：

$$LQ_{ij} = \dfrac{\dfrac{X_{ij}}{X_j}}{\dfrac{Y_i}{Y}}$$

其中，LQ_{ij} 表示 i 产业在 j 区域的区位商；X_{ij} 表示 i 产业在 j 区域的增加值或产值；X_j 表示 j 区域所有产业的总增加值或总产值；Y_i 表示 i 产业在全国的总增加值或总产值；Y 表示全国所有产业的总增加值或总产值。

当 $LQ_{ij} > 1$，意味着 i 产业在 j 区域的行业供给能力能够满足本区需求并有余，可以对外提供产品（大于 1 的部分意味着对区外市场的占领）。

当 $LQ_{ij} < 1$，意味着 i 产业在 j 区域的行业供给能力不能够满足本区需求，需要由区外调入。

当 $LQ_{ij} = 1$，意味着 i 产业在 j 区域的行业供给能力刚好能够满足本区需求，成为转换的临界点。

由表 6-3 可以发现，$LQ_{ij} > 1$ 的行业有农副食品加工业，食品制造业，酒、饮料和精制茶制造业，纺织服装、服饰业，电气机械和器材制造业，汽车制造业，家具制造业，印刷和记录媒介复制业，金属制品业，通用设备制造业，医药制造业，非金属矿物制品业，石油加工、炼焦和核燃料加工业，铁路、船舶、航空航天和其他运输设备制造业，水的生产和供应业等，大部分属于制造业。这些产业区位商大于 1，说明这些产业提供的产品足够满足当地的需求，并可以占领区外一部分市场。尤其是家具制造业与印刷和记录媒介复制业的区位商最大，可见大兴区的家具制造业与印刷和记录媒介复制业在大兴区有不可替代的位置；通用设备制造业，铁路、船舶、航空航天和其他运输设备制造业，酒、饮料和精制茶制造业三个产业虽然近年来占第二产业产值比重有所下降，但是相对全国还是有绝对的优势。食品制造业，纺织服装、服饰业，医药制造业，汽车制造业，石油加工、炼焦和核燃料加工业，金属制品业，农副食品加工业，非金属矿物制品业以及水的生产和供应业的区位商也非常明显，具有很大的优势。$LQ_{ij} > 1$ 的产业给大兴区带来了稳定的经济基础，但还有其局限性，需要进一步分析和确定支柱产业。

表 6-3　2012 年大兴区规模以上工业企业的区位商

行业	区位商	行业	区位商
农副食品加工业	1.24	非金属矿物制品业	1.27
食品制造业	3.96	黑色金属冶炼和压延加工业	0.06
酒、饮料和精制茶制造业	1.06	有色金属冶炼和压延加工业	0.26
纺织业	0.12	文教、工美、体育和娱乐用品制造业	0.63
纺织服装、服饰业	3.59	石油加工、炼焦和核燃料加工业	2.06
电气机械和器材制造业	1.13	化学原料和化学制品制造业	0.57
汽车制造业	2.16	皮革、皮毛、羽毛及其制品和制鞋业	0.82
家具制造业	7.45	铁路、船舶、航空航天和其他运输设备制造业	1.44
造纸和纸制品业	0.44	木材加工和木、竹、藤、棕、草制品业	0.14
印刷和记录媒介复制业	6.27	计算机、通信和其他电子设备制造业	0.11

续表

行业	区位商	行业	区位商
金属制品业	1.85	仪器仪表制造业	0.45
通用设备制造业	1.98	其他制造业	0.61
专用设备制造业	0.71	电力、热力生产和供应业	0.06
医药制造业	2.61	水的生产和供应业	1.11
橡胶和塑料制品业	0.80		

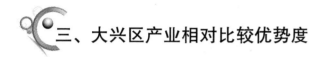

三、大兴区产业相对比较优势度

区域相对比较优势度分析是通过一套指标体系从不同方面对区域内各个产业的相对比较优势度进行测量，是用来选择主导产业和重点发展产业的重要工具。评价区内相对比较优势度的主要指标有区内增加值比重、区内比较劳动生产率、产品市场占有率。

1. 大兴区产业增加值比重分析

区内增加值比重是测量区内各个产业相对规模大小的指标，其计算公式为：

$$WI_{ij} = \frac{P_{ij}}{P_i}$$

其中，WI_{ij} 为 i 地区 j 产业的增加值比重；P_{ij} 为 i 地区 j 产业的增加值；P_i 为 i 地区的生产总值。重点发展产业在区域内应具有较高的区内增加值比重，某产业区内增加值比重越大，说明该产业的经济基础越强，越有可能成为该区域的重点发展产业。

由表 6-4 可知，汽车制造业和食品制造业的增加值比重最大，说明这两个产业的经济基础最强。除此之外，农副食品加工业、家具制造业、电气机械和器材制造业的增加值比重也较大，其对大兴区总产值的贡献也很高。从该数据分析结果来看，汽车制造业、食品制造业、农副食品加工业、家具制造业、电气机械和器材制造业是大兴区当前的重点产业。

表 6–4   2012 年大兴区规模以上工业企业的增加值比重

行业	增加值比重（%）	行业	增加值比重（%）
农副食品加工业	1.50	非金属矿物制品业	0.77
食品制造业	4.15	黑色金属冶炼和压延加工业	−0.21
酒、饮料和精制茶制造业	−0.09	有色金属冶炼和压延加工业	−0.14
纺织业	−0.12	皮革、皮毛、羽毛及其制品和制造业	0.10
纺织服装、服饰业	0.84	木材加工和木、竹、藤、棕、草制品业	−0.15
其他制造业	0.06	文教、工美、体育和娱乐用品制造业	0.17
汽车制造业	4.99	石油加工、炼焦和核燃料加工业	0.30
家具制造业	1.38	铁路、船舶、航空航天和其他运输设备制造业	−0.80
造纸和纸制品业	0.11	电气机械和器材制造业	1.32
印刷和记录媒介复制业	0.28	计算机、通信和其他电子设备制造业	0.25
金属制品业	0.30	仪器仪表制造业	0.03
通用设备制造业	−0.13	化学原料和化学制品制造业	−0.03
专用设备制造业	0.55	电力、热力生产和供应业	0.03
医药制造业	0.72	水的生产和供应业	0.02
橡胶和塑料制品业	−0.11		

2. 大兴区产业比较劳动生产率分析

比较劳动生产率是指某部门产值所占该地区全部产值的比重除以该部门的劳动力占该地区全部劳动的比重。其公式为：

$$RI_{ij} = \frac{\dfrac{P_{ij}}{P_i}}{\dfrac{L_{ij}}{L_i}}$$

其中，RI_{ij} 为 i 地区 j 产业的比较劳动生产率；P_{ij} 为 i 地区 j 产业的增加值；L_{ij} 为 i 地区 j 产业的劳动力人数；P_i 为 i 地区的生产总值；L_i 为 i 地区各产业的劳动力总人数。某产业的区内比较劳动生产率 $RI > 1$，表示该产业的劳动生产率大于区内平均劳动生产率，相反则小于区内平均劳动生产率；$RI = 1$ 表示该产业的劳动生产率等于区内平均劳动生产率。区内比较劳动生产率高的产业，其技术水平也高，可能成为区域经济的增长点，所以重点发展产业应具有较高的区内比较劳动生产率。

通过表 6-5 的数据可以看出，大兴区有 11 个产业的比较劳动生产率大于平均劳动生产率，具有明显的产业优势。其中，石油加工、炼焦和核燃料加工业的产业比较劳动生产率最高，其他产业如农副食品加工业，铁路、船舶、航空航天和其他运输设备制造业，汽车制造业，有色金属冶炼和压延加工业，医药制造业等产业的比较劳动生产率也很高，说明这些产业的技术水平比较先进，很有可能成为大兴区经济的增长点。

表 6-5　2012 年大兴区规模以上工业企业的比较劳动生产率

行业	比较劳动生产率 (%)	行业	比较劳动生产率 (%)
农副食品加工业	2.41	非金属矿物制品业	1.16
食品制造业	0.94	黑色金属冶炼和压延加工业	0.49
酒、饮料和精制茶制造业	1.05	有色金属冶炼和压延加工业	2.12
纺织业	0.55	木材加工和木、竹、藤、棕、草制品业	0.11
纺织服装、服饰业	0.41	皮革、皮毛、羽毛及其制品和制造业	0.86
汽车制造业	1.72	文教、工美、体育和娱乐用品制造业	0.58
金属制品业	0.78	石油加工、炼焦和核燃料加工业	6.92
家具制造业	0.85	铁路、船舶、航空航天和其他运输设备制造业	2.41
造纸和纸制品业	0.37	电气机械和器材制造业	1.40
印刷和记录媒介复制业	0.62	计算机、通信和其他电子设备制造业	0.59
其他制造业	0.39	仪器仪表制造业	0.31
专用设备制造业	0.45	化学原料和化学制品制造业	1.09
通用设备制造业	1.20	电力、热力生产和供应业	0.32
医药制造业	1.43	水的生产和供应业	0.49
橡胶和塑料制品业	0.66		

3. 大兴区产业市场占有率分析

社会需求是促进产业发展的强大动力，主导产业的产品不仅有着巨大的现实市场需求，而且也应有巨大的社会市场需求，因此，主导产业部门必须具有收入

北京市大兴区产业定位与优势产业发展研究

弹性大的特点。在经济学中，人们将某一产业的产品需求随着人均国民收入的增加而增加的相互关系称为"需求的收入弹性"。它的计算方法是：在价格不变的前提下，某一产业的产品需求的增加率除以人均国民收入的增加率，这个商数称为"收入弹性系数"。这个指标有一个很大的缺点是市场对区域某一个产业的产品的需求量不容易测出，我国各级统计部门也没有这个基础指标的统计，因而某产业产品的需求增长率无法得出。可采用另一个指标作为替代，这个替代指标是"市场占有率"。其公式如下：

$$S_i = \frac{Y_i}{\sum_{i=1}^{n} Y_i}$$

其中，S_i 表示产业 i 的市场占有率；Y_i 为产业 i 的销售收入；$\sum_{i=1}^{n} Y_i$ 为全国产业 i 的销售收入。S 值越大，表示区域的该产业越具有市场潜力。

通过表 6-6 的数据可以看出，S 值最大的产业仍然是印刷和记录媒介复制业，家具制造业，食品制造业，纺织服装、服饰业。可见大兴区的这几个产业具有巨大的市场占有率，不仅在大兴区是支柱产业，在全国也具有重要的地位。从市场占有率的整体来看，排名靠前的主要还是制造业，这些产业的产值占据较大的份额，但是这些产业对自然资源的消耗较多，污染也较大。虽然近年来通用设备制造业，铁路、船舶、航空航天和其他运输设备制造业占第二产业产值的比重有所下降，但从市场占有率看，其在大兴区的地位还非常重要。

表 6-6　2012 年大兴区规模以上工业企业的市场占有率

行业	市场占有率（%）	行业	市场占有率（%）
农副食品加工业	0.089	非金属矿物制品业	0.079
食品制造业	0.264	黑色金属冶炼和压延加工业	0.006
酒、饮料和精制茶制造业	0.081	有色金属冶炼和压延加工业	0.017
纺织业	0.007	文教、工美、体育和娱乐用品制造业	0.034
纺织服装、服饰业	0.215	石油加工、炼焦和核燃料加工业	0.126
其他制造业	0.038	化学原料和化学制品制造业	0.035
汽车制造业	0.120	皮革、皮毛、羽毛及其制品和制造业	0.050

行业	市场占有率（%）	行业	市场占有率（%）
家具制造业	0.367	铁路、船舶、航空航天和其他运输设备制造业	0.148
造纸和纸制品业	0.029	电气机械和器材制造业	0.066
印刷和记录媒介复制业	0.381	计算机、通信和其他电子设备制造业	0.007
金属制品业	0.107	仪器仪表制造业	0.029
通用设备制造业	0.120	木材加工和木、竹、藤、棕、草制品业	0.010
专用设备制造业	0.052	电力、热力生产和供应业	0.003
医药制造业	0.149	水的生产和供应业	0.055
橡胶和塑料制品业	0.053		

第三节　大兴区主导产业建议

采用多指标分析方法来确定大兴区的主导产业可以弥补单一指标的缺陷，本报告对计算的结果做定性分析，并结合大兴区当前的经济发展政策，确定大兴区的主导产业。

为了避免由于指标量纲的不同而无法比较的问题，本报告对各个指标采取了无量纲化处理。采用的公式如下：

$$S_{ij} = \frac{x_{ij}}{x_{ijmax}}, \quad S_i = \sum_{j=1}^{4} S_{ij}$$

其中，x_{ij} 表示第 i 个产业的第 j 个指标；x_{ijmax} 表示在第 i 个产业的第 j 个指标中的最大值；S_{ij} 表示经过无量纲化处理后的第 i 个产业的第 j 个指标值；S_i 为第 i 个产业的各指标无量纲化处理后的值之和。

根据以上公式对上述指标进行综合计算，结果如表6-7所示。

表6-7 大兴区主导产业综合评分

行业	S_i	排名
家具制造业	2.364	1
食品制造业	2.190	2
印刷和记录媒介复制业	1.985	3
汽车制造业	1.854	4
石油加工、炼焦和核燃料加工业	1.667	5
纺织服装、服饰业	1.276	6
医药制造业	1.093	7
农副食品加工业	1.048	8
电气机械和器材制造业	0.792	9
铁路、船舶、航空航天和其他运输设备制造业	0.769	10
通用设备制造业	0.727	11
金属制品业	0.703	12
非金属矿物制品业	0.700	13
酒、饮料和精制茶制造业	0.490	14
专用设备制造业	0.405	15

通过表6-7的数据可以看出，产业综合评分排名前十的产业主要有：家具制造业，食品制造业，印刷和记录媒介复制业，汽车制造业，石油加工、炼焦和核燃料加工业，纺织服装、服饰业，医药制造业，农副食品加工业，电气机械和器材制造业，铁路、船舶、航空航天和其他运输设备制造业。大兴区可将家具制造业、食品制造业、印刷和记录媒介复制业、汽车制造业作为当地的四大主导产业。大兴区产业综合实力排名靠前的主要还是制造业。虽然制造业在GDP中占据比较大的比重，但随着经济结构的调整和优化，第一、第二产业产值占比相对缩小，第三产业占比扩大是当前和未来中国经济发展的趋势。对于产业综合实力排名靠前的制造业，应该继续加大研发或引进先进技术的力度，提高劳动生产率，并且与互联网、大数据相结合，抢占先机，引入工业4.0，增强当地制造业的竞争力。另外，大力发展第三产业也是不可避免的趋势，当前政府应根据当地情况，率先发展具有优势的服务产业。对于耗能多、污染大、市场成长空间小的产业应该予以优化，甚至直接淘汰，转而发展自己相对有优势的产业。

第七章 // 总 结

　　本报告以大兴区重点产业发展问题为研究对象，依托产业经济学、区域经济学和新型工业化理论，利用各种分析方法，并结合大兴区自身经济发展的实际情况，为大兴区重点发展的十大产业构建了一套指标体系及评价方法，对大兴区重点产业的发展现状进行了分析，从中找出产业发展存在的问题，并提出了相应的对策建议。最后通过数据分析系统的开发，辅助进行课题的研究。

　　本报告利用 2013 年全国第三次经济普查资料，对大兴区的重点产业进行了评价及研究，具有一定的实用价值，但仍有许多不足之处需要继续研究、补充和完善。首先，在运用定性与定量方法分析评价重点产业时，为了便于课题研究以及考虑大兴区自身的发展情况，不免掺入主观印象。其次，运用产业经济学、区域经济学的理论与方法构建了重点产业的评价指标体系，但还有待进一步加工和完善。再次，由于客观条件的限制，没有做到与各重点产业历史数据的纵向比较。最后，对所得经济普查资料进行整理和分析时，技术的先进性和适用性方面有所欠缺，后续研究会进一步广泛征求相关领域的技术专家，进行改进和完善。

大兴区就业人口问题研究

第一章 // 就业人口与经济发展关系理论

经济增长、物价稳定、充分就业与国际收支平衡是宏观经济政策的四大目标。在这四大目标中，经济增长是经济社会发展的首要目标，是创造就业机会、提高人民生活水平的基本前提和物质保证。就业是民生之本，保证就业是经济社会可持续发展的重要前提，人们通过获得工作机会和岗位，从事一种职业，付出劳动，获取经济收入，提高生活质量。研究两者之间的关系对于促进人口就业和经济发展有着极其重要的作用，也是实现宏观经济平衡发展的必然要求。

第一节 国外关于经济增长与就业人口关系的研究

一、国外就业理论综述

20 世纪 30 年代以前，古典学派的自愿失业理论盛行一时，这一理论反对政府对经济进行干预，认为解决就业问题的根本途径是政府和工会组织不干预劳动市场和劳资关系。20 世纪 30 年代爆发了世界性的经济危机，凯恩斯在继承古典经济学派一些观点的基础上，提出了政府干预经济的新理论，即凯恩斯失业理论。20 世纪 50 年代，当资本主义国家陷入"滞胀"困境时，新古典综合学派认为，劳动力市场出现了不同的劳动力供求，造成一些行业以及一些地区的劳动力岗位空缺，但同时又使得劳动力市场存在失业现象，形成了失业与通货膨胀并存的压力。到 20 世纪 80 年代，新凯恩斯主义理论进一步探索了劳动力市场的功能性障碍，并发展和完善了一系列全新的失业理论。1954 年，著名的发展经济学家刘易斯发表了《劳动无限供给条件下的经济发展》，提出了第一个人口流动模式，即二元经济结构理论，之后刘易斯、拉尼斯、费景汉、托达罗等进行了进一步探索。

二、国外经济增长理论综述

西方国家的经济增长理论主要有四个：古典经济增长理论、现代经济增长理论、新古典经济增长理论和新经济增长理论。较早有影响力的经济增长理论是古典经济增长理论，代表人物有威廉·配第、亚当·斯密、大卫·李嘉图等，该理论认识到了经济增长过程是由多种因素综合作用的结果。20 世纪 40 年代，现代经济增长理论盛行一时，主要代表是哈罗德—多马模型，其把经济增长率描述成储蓄率和资本产出率的比值。新古典经济增长模型由索洛和斯旺首先创立，后经卢卡斯和库普曼斯重新说明并进行了系统的论述，认为经济中存在一个反映投入产出关系的生产函数。新经济增长理论的主要代表人物有宇泽、舒尔茨、卢卡斯等。新经济增长理论正式产生的标志是保罗·罗默的论文《递增收益和经济增长》与小罗伯特·卢卡斯的论文《论经济发展机制》的相继发表，新经济增长理论最重要的一点就是将人力资本看成非常重要的一种要素，认为经济增长的决定因素是技术进步，而技术进步能为厂商实现利润最大化。

三、西方经济增长与就业关系的理论综述

1. 奥肯定律

奥肯定律是由美国著名的经济学家阿瑟·奥肯在 20 世纪 60 年代提出的，它是说明实际产出与失业率之间关系的一个重要经验定律。奥肯研究经济增长与就业之间关系的出发点是在充分就业条件下经济所能生产出来的产出额，并将其称为"可能的产出额"。奥肯定律给出了一个特定目标对失业率的长期影响。它说明产出增长率与失业率之间呈负相关关系，奥肯定律在美国的经济历程中得到了很好的实践证明。

2. 配第—克拉克定理

19 世纪 30 年代，英国经济学家科林·克拉克进一步考察了众多国家结构演变和产业之间劳动要素转移的问题。克拉克所揭示的就业结构变动规律与配第的研究发现极其相似，该定理主要是根据发达国家的经验概括出来的，现在虽然还有不少发展中国家农业劳动力仍占很大比例，但随着其经济的发展和人均收入的提高，产业结构和劳动力就业结构也已显示出基本符合配第—克拉克定理。

3. 库兹涅茨法则

库兹涅茨在克拉克研究的基础上，把第一、第二、第三产业分别定义为农业部门、工业部门和服务部门，再把各个部门细化成更具体的行业，按时间序列进行分析。库兹涅茨将区分三大产业间劳动力变化转移的标准确定为法则，并很自然地发现了其他的新法则。通过从纵向角度和横向角度分别进行研究，发现了各产业产值和劳动力在总量中所占比重的变化趋势以及不同国家三次产业在总产值和总劳动力所占份额的分布规律。库兹涅茨还认为造成与发达国家经济差距的主要原因是非工业化国家特别是不发达国家的经济结构变动十分缓慢，而劳动力由

农业部门向非农业部门转移是人类走向工业化社会的必然趋势。

4. 帕西内蒂对劳动力和资本要素的研究

帕西内蒂在研究经济增长的过程中指出，由于不同部门产业之间的生产率提高速度与需求扩张速度是不同的，所以会发生资本和劳动在不同部门产业之间的转移。这种转移变化是保证经济不断增长的条件，即使个别部门就业机会减少和生产增长速度放慢，只要这些部门的劳动力和资本转移到就业增长率和生产增长率相对高的部门，整个国民经济仍然能够随着资本和劳动力的充分利用而增长。从而得出了一些基本的结论：只要产业结构的变化能够适应需求的变化，同时能够更有效地对技术加以利用，劳动和资本能够从生产率低的部门向生产率较高的部门转移，那么产业结构的变动就会加速经济增长。

5. 钱纳里—塞尔昆的就业结构转换滞后理论

钱纳里和塞尔昆在研究中发现，在发展中国家，产值结构转换普遍先于就业结构转换。一般来说，在工业化起点时，产值比重比就业比重大约高 25 个百分点，只有在人均国民生产总值达到 1500 美元之后两者才会同步发展。产业结构与就业结构的不协调，主要反映在现代工业部门产值明显高于传统农业部门，而就业人数却偏低。其原因一方面在于发展中国家的许多部门生产率得到提高，现代工业部门创造产值的能力大大高于创造就业机会的能力；另一方面在于发展中国家工农贸易条件不合理，即工业产品价格偏高，农产品价格偏低，工业的发展在某种程度上以牺牲农业为代价。因此，相比之下，就业结构变动指标其实比产值结构指标能更真实地反映产业结构的实际变化状况。

第二节　国内关于经济增长与就业人口关系的研究

关于中国经济增长与就业人口方面的研究，一直到 20 世纪 90 年代中后期我国体制改革深化出现大量失业现象，才引起学者的关注。关于这方面的研究虽然较多，有理论方面的研究，也有实证方面的研究，但没有得出一致的结论。

一方面，认为中国经济增长与就业率呈正向关系。常云昆和肖六亿（2004）认为，1997 年以后，中国出现了经济高速增长、就业压力不减、物价走低的宏观经济增长悖论，奥肯定律失效，宏观经济关系扭曲，产出对就业和物价的影响无法正常传递。齐艳玲、齐艳杰和王纪成（2008）认为，20 世纪 90 年代以来，我国经济在保持较快增长速度的同时就业增长却在下降，经济增长与就业增长呈现非一致性，原因是投资对就业的拉动作用下降、速度型增长战略导致就业减少、技术主导型的发展战略限制了劳动力的吸收、产业结构与就业结构失衡。

另一方面，认为中国经济增长与就业率呈反向关系。梁媚（2006）利用 1978~2003 年的有关数据对我国经济增长与名义就业的关系进行了分析，认为我国经济增长没有促进名义就业的增长，但是如果考虑隐性就业，则经济增长促进了有效就业的增长，有效就业的增长也促进了经济增长。殷绛和郭广迪（2007）从经济定律的前提条件来分析奥肯定律在中国的"失灵"，认为经济市场化是奥肯定律的前提条件，中国尚未完全实现经济市场化，所以导致我国现阶段奥肯定律"失灵"，因此人们所说的奥肯定律"失灵"并不是真正意义上的"失灵"。

在实证方面，袁志刚和龚玉泉（2001）对上海进行了个案研究，发现上海第二产业的增长基本上是靠以资本、技术投入为主要驱动力的发展模式，从而出现了对就业的挤出效应。从时序上看，就业结构的变化在 20 世纪 80 年代主要是就业人员由第一产业向第二产业转移，20 世纪 90 年代后主要是向第三产业转移。这种就业结构的变化趋势表明，上海就业结构的变化与其经济增长的变化保持一致，第三产业的发展在吸纳第一、第二产业剩余劳动力方面起到了重要的作用。王娟等（2008）利用生产函数将就业结构变动从全要素生产率中分离出来，得出就业结构变动对经济增长的推动效应及第一产业就业人口向第二、第三产业的流动对经济增长的贡献率。通过分析得出，河北省就业结构变动对经济增长的贡献总体上呈先上升后下降的趋势。

第二章 大兴区就业基本状况分析

大兴区地处北京市南部，素有"首都南大门"之称，是北京城南行动计划的核心地带。大兴区承担着振兴首都二产、建设高技术制造业和战略性新兴产业聚集区的重要责任。近几年，随着经济的快速发展，大兴区就业规模和结构发生了巨大变化。

第一节　就业与就业结构概念界定

就业是指在法定年龄内的有劳动能力和劳动愿望的人们所从事的为获取报酬或经营收入进行的活动。就业人口是指 16 周岁及以上，在普查标准时点前一周，为取得收入而工作了一小时以上的人口。就业人口的规模和水平是社会经济发展的基础，会对经济发展产生重要影响；反过来，经济发展对就业增长具有拉动作用，产业结构调整升级必然伴随着劳动力需求趋势和需求结构的转变。

就业结构是指社会劳动力在国民经济各部门、各行业、各地区、各领域的分布、构成和联系。就业结构是反映一个国家经济发展阶段的重要标尺。一般意义上讲，就业结构有广义和狭义之分。广义的就业结构包括就业的产业结构、职业结构、城乡结构、行业结构、性别与年龄结构、所有制结构、技术结构、地区结构；狭义的就业结构是指就业的产业结构。由于数据所限，本章研究的就业结构仅指就业的产业结构，即劳动力数量在国民经济三次产业间的分布划分。合理的就业结构是整个经济发展的关键，而就业结构能否得到有效转换取决于现代非农产业对劳动力的吸纳能力、就业数量和就业能力以及劳动力市场体制的完善程度等外在因素。

第二节　大兴区就业总量分析

　　截至 2013 年 12 月 31 日，大兴区第二、第三产业的法人单位就业人员达到 43.5 万人，与 2008 年经济普查相比，就业人口增加了 13.4 万人，平均每年增加约 2.8 万人，年均增加 8.9%，高于北京市整体的年均增长速度（7.2%）。与第一、第二次经济普查相比，增加幅度创历史新高（见图 2-1）。

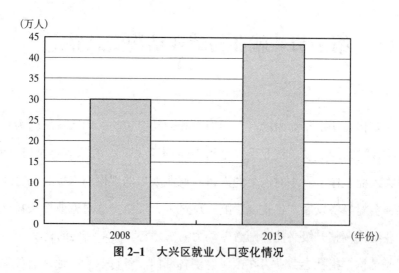

图 2-1　大兴区就业人口变化情况

　　大兴区作为首都重要的制造业区域和 11 个规划的新城之一，承担着集聚新产业、带动区域发展规模化的重要责任。三次经济普查结果显示，伴随着大兴区的新规划和新发展，大兴区第二产业就业人口数量停止下降，开始出现增长迹象。2013 年末第二产业就业人口数为 18.3 万人，比 2008 年末增加了 3.1 万人，与 2004 年末相比增加了 2.2 万人。2004~2008 年第二产业就业人口的平均增加速度为-1.4%，2008~2013 年反降为升，平均增加速度达到 4.7%。具体来看，第二产业中的制造业，建筑业，电力、热力、燃气和水的生产和供应业三个行业的就业人数增加明显。2013 年末，制造业就业人口为 13.8 万人，建筑业就业人口为 4.4 万人，电力、热力、燃气和水的生产和供应业就业人口为 1678 人，分别比 2008 年增加 1.6 万人、1.4 万人和 0.07 万人。

随着经济的快速发展，第三产业就业人口迅速增加。2013 年末第三产业就业人口达到 25.3 万人，比 2008 年末增加了 10.4 万人，与 2004 年末相比增加了 14.5 万人。2004~2008 年第三产业就业人口的平均增加速度为 8.4%，2008~2013 年的平均增加速度则高达 14%。从第三产业各行业就业人口分布情况（见表 2-1）来看，批发和零售业（A），租赁和商务服务业（G），教育（K），公共管理、社会保障和社会组织（N），交通运输、仓储和邮政业（B）五个行业的就业人口最多。但从就业人口增长速度来看，增长最快的五个行业从高到低依次是：信息传输、软件和信息技术服务业（D），金融业（E），租赁和商务服务业（G），住宿和餐饮业（C），科学研究和技术服务业（H）。

表 2-1　大兴区第三产业各行业就业人口分布情况

行业	2008 年（人）	2013 年（人）	增加人口（人）	增长率（%）
批发和零售业（A）	30813	56557	25744	16.71
交通运输、仓储和邮政业（B）	18131	23515	5384	5.94
住宿和餐饮业（C）	7717	17662	9945	25.77
信息传输、软件和信息技术服务业（D）	1111	4042	2931	52.76
金融业（E）	181	510	329	36.35
房地产业（F）	10437	15704	5267	10.09
租赁和商务服务业（G）	13664	35787	22123	32.38
科学研究和技术服务业（H）	7344	14935	7591	20.67
水利、环境和公共设施管理业（I）	2859	5390	2531	17.71
居民服务和其他服务业（J）	4744	9590	4846	20.43
教育（K）	19816	26759	6943	7.01
卫生和社会工作（L）	7373	10913	3540	9.60
文化、体育和娱乐业（M）	2380	4578	2198	18.47
公共管理、社会保障和社会组织（N）	22379	26504	4125	3.69

第三节　大兴区就业结构分析

根据配第一克拉克定理，劳动力就业结构可能会因为国家的不同而呈现出较大的差异，但是其基本趋势是劳动力从第一产业向第二、第三产业等非农业部门转移。

三次经济普查数据显示，与 2008 年相比，大兴区第二、第三产业就业人员绝对数量均呈增加态势，但第三产业就业人数增长速度（14%）远高于第二产业就业人数增长速度（4.7%），因此大兴区三次产业就业结构表现出如下特点：第一、第二产业就业人员所占比重持续下降，第三产业就业人员所占比重则快速增加；三次产业就业结构（见图 2-2）从 2004 年的 25.19∶44.77∶30.03 变化为 2013 年的 17.20∶34.75∶48.04，第三产业成为就业比例最高的产业。这些特点表明，随着时间的推移，越来越多的劳动力从第一产业转向第三产业，并且第一产业就业人员比重仍有下降的趋势。可见，大兴区就业结构变动趋势基本符合配第一克拉克定理，目前已初步呈现"三、二、一"次序的工业化就业结构形态。

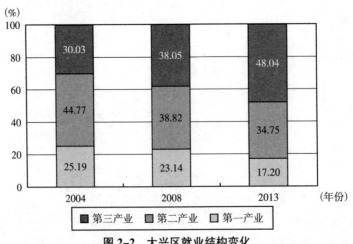

图 2-2　大兴区就业结构变化

第四节　北京市总体就业状况分析

2008~2013 年北京市就业人口总数不断扩大，从 2008 年的 980 万人增加到 2013 年的 1141 万人，平均每年增加 32 万人。从城镇登记失业人员来看，2008~ 2013 年北京市失业人数和失业率总体呈现下降趋势，其中城镇登记失业人员下降 3.5 万人，失业率下降 0.61%。从城镇新增就业人口数量来看，每年新增数量基本保持在 42 万~44 万人。

从 2013 年城镇就业人口工作单位性质来看，内资经济是城镇就业人口最为主要的就业单位，占整体就业人口的 80% 左右；其次是外商投资和港澳台投资单位，分别占就业人口总数的 12% 和 6% 左右。在内资经济就业单位中，国有经济和有限责任公司是就业人口最多的两部分，共占总体城镇单位就业人口的 70% 左右；集体经济和股份有限公司以及股份合作性质单位的从业人口相对较少，共占城镇就业人口的 10% 左右。对比 2008 年和 2013 年的城镇就业人口单位性质可以发现，就业人数增加最多的是内资经济，增加人数超过 140 万人，较 2008 年增加约 35%。其中，有限责任公司就业人口增加数量最多，超过 90 万人，成为解决就业人数最多的单位。外商投资和港澳台投资单位就业人口均有一定程度增加，分别增加了 23 万人和 22 万人。

对比北京市四大区域 16 个行政区县的城镇单位从业人数可以发现（见表 2-2），就业人数最多的区域是城市功能拓展区的朝阳区与海淀区，就业人数超过 100 万人；就业人数最少的区域是生态涵养发展区的延庆县和门头沟区，就业人数不足 7 万人。隶属于城市发展新区的大兴区的就业人口数在北京市所有区县中排名第六位。从增长速度来看，城市发展新区是就业人口增长最快的区域，2008~2013 年增长速度达到 34.08%，年均增长速度超过 6.8%，其中大兴区增长最快，增长速度接近 47%，年均增长超过 9%。就业人口增长最慢的区域是生态涵养发展区，增速仅为 17% 左右，年均增速仅为 3% 左右，其中丰台区和门头沟区是就业人口增速最慢的区县，尤其是门头沟区出现了就业人口减少的现象。

表 2-2　北京市各区县城镇单位从业人员数比较

区县	从业人员人数（人）	从业人员年末人数（人）	
	2008 年	2013 年	增长速度（%）
全市	5890263	7422565	26.01
首都功能核心区	1317621	1575692	19.59
东城区	531845	631899	18.81
西城区	785776	943793	20.11
城市功能拓展区	3013299	3819130	26.74
朝阳区	1055992	1423694	34.82
丰台区	609305	609567	0.04
石景山区	155288	200963	29.41
海淀区	1192714	1584906	32.88
城市发展新区	1189643	1595016	34.08
房山区	148108	165682	11.87
通州区	190101	223057	17.34
顺义区	328292	452398	37.80
昌平区	208573	291572	39.79
大兴区	314569	462307	46.97
生态涵养发展区	369700	432727	17.05
门头沟区	64849	60824	-6.21
怀柔区	76772	91033	18.58
平谷区	80689	101770	26.13
密云县	92202	109579	18.85
延庆县	55188	69521	25.97

资料来源：《北京统计年鉴》。

根据北京市第二、第三次经济普查数据，北京市第二产业就业人口从 2008 年的 201.3 万人增加至 2013 年的 216.6 万人，平均每年增加 3.06 万人，年均增长率为 1.5%；第三产业就业人口从 2008 年的 615.6 万人增加至 2013 年的 894.7 万人，平均每年增加 55.82 万人，年均增长率为 9.1%。由此可以看出，就业人口中第二产业就业人数缓慢增长，第三产业已经成为吸纳就业人口的重要力量。在第二产业中，北京市就业人口最多的行业是制造业，就业人数达到 138.5 万人，其次是建筑业；但从就业人口增长速度来看，增长最快的行业是燃气及水的生产和供应业，其次是采矿业。在第三产业中，就业人口最多的行业依次是批发和零售业（A），租赁和商务服务业（G），科学研究和技术服务业（H），信息传输、软件和信息技术服务业（D），交通运输、仓储和邮政业（B）；但从就业人口增长速度来看，增长最快的五个行业从高到低依次是：信息传输、软件和信息技术服务业（D），金融业（E），科学研究和技术服务业（H），批发和零售业（A），居民服务和其他服务业（J）。如表2-3所示。

表2-3　北京市第三产业各行业就业状况

行业	2008年（万人）	2013年（万人）	增加人口（万人）	增长率（%）
批发和零售业（A）	94.3	147.8	53.5	11.35
交通运输、仓储和邮政业（B）	69.5	68.6	-0.9	-0.26
住宿和餐饮业（C）	45.0	50.6	5.6	2.49
信息传输、软件和信息技术服务业（D）	46.6	93.0	46.4	19.91
金融业（E）	25.1	43.3	18.2	14.50
房地产业（F）	41.0	56.4	15.4	7.51
租赁和商务服务业（G）	95.9	141.7	45.8	9.55
科学研究和技术服务业（H）	56.4	95.2	38.8	13.76
水利、环境和公共设施管理业（I）	9.3	12.9	3.6	7.74
居民服务和其他服务业（J）	14.1	21.5	7.4	10.50
教育（K）	43.1	53.1	10	4.64
卫生和社会工作（L）	20.0	27.8	7.8	7.80
文化、体育和娱乐业（M）	18.6	27.6	9	9.68
公共管理、社会保障和社会组织（N）	36.7	51.8	15.1	8.23

从总体就业结构来看，2013年北京市三次产业就业结构为4.8：18.5：76.7，与2008年的6.4：21.2：72.4相比，从事第一、第二产业的人口比例都在减少，而第三产业的人口比例在上升，表明北京市第一、第二产业的劳动力正同时向第三产业转移。

第三章 大兴区就业结构与产业结构协调分析

产业部门是就业的载体，产业结构的调整必然带来就业结构的相应变动。反过来，就业结构对产业结构的调整具有一定的推动作用，即合理的就业结构对于促进产业结构优化具有重要作用。因此，在经济发展过程中，产业结构与就业结构相互影响、彼此作用，二者的协调发展能够有效地促进就业结构和产业结构优化。但是产业结构与就业结构并不是一直相匹配，二者之间必然会出现一定程度的偏离和滞后，对二者间偏离程度进行准确判断，有助于采取合理举措实现二者的协调发展。以下将分别运用就业弹性、相对劳动生产率、结构偏离度等分析工具，从不同角度研究大兴区就业结构与产业结构的协调性。

第一节 就业弹性分析

就业弹性是指经济增长对就业增长的影响程度，是就业增长率与经济增长率的比值，可以用来衡量经济增长与就业增长两者之间的关系。就业弹性的公式如下：

$E = GL_i / GY_i$

其中，E 代表就业弹性；GY_i 代表第 i 产业的经济增长率；GL_i 代表第 i 产业的就业增长率。

就业弹性把经济增长率与就业增长率结合在一起，能够较好地表现出经济增长对就业人口的吸纳能力。当就业弹性为正时，弹性越大表明经济增长对就业增长的拉动作用越大，依靠经济增长拉动就业的作用就越明显；弹性越小则表明经济增长对就业增长的拉动作用越小。当就业弹性为负时，经济增长对就业的作用分为两种情况：①经济为正增长就业却为负增长，表明经济对就业产生了"挤出效应"。此时就业弹性绝对值越大，则就业的"挤出效应"越大；反之，就业弹性绝对值越小，则"挤出效应"越小。②经济为负增长就业却为正增长，表明经济对就业产生了"吸入效应"。此时就业弹性的绝对值越大，对就业的"吸入效应"也就越大。

一、大兴区就业弹性分析

分析大兴区 2009~2013 年的地区生产总值增长率、就业增长率，计算出就业弹性系数（见表 3-1），由于第一产业就业人口只有 2011 年的数据，为了进行数据分析，根据北京市第一产业就业人口变化规律计算大兴区第一产业就业人口数据，第二、第三产业就业人口数据选自第三次经济普查经济开发数据，地区生产总值选自 2014 年大兴区年鉴（以下大兴区就业结构与产业结构协调分析数据来源同此）。可以得出以下整体特点：经济增长速度很快，就业增长速度却相对较慢。具体分析发现，五年间就业弹性的平均值为 0.19，2009~2011 年就业弹性呈下降趋势，2012 年显著增加，2013 年就业弹性又恢复至较低水平。分析 2012 年的就业弹性发现，主要是第三产业就业人口的快速增长导致就业弹性显著增加。第一产业就业弹性都是负值，表明第一产业吸纳就业的能力很差，存在就业人口转移的趋势，但随着逐年调整，第一产业就业人口逐渐趋于合理；第二产业的就业弹性趋势变化幅度较大，没有稳定的趋势；第三产业 2011~2013 年就业弹性指数较大，表明其吸纳就业的能力最强。分析 2009~2013 年的地区数据发现，地区生产总值增长率以及第三产业地区生产总值增长率逐年下降，就业增长率 2009~2011 年逐年下降，2012 年显著上升，2013 年又下降至较低水平。

表 3-1　大兴区三次产业的地区生产总值增长率、就业增长率和就业弹性分析

年份	地区生产总值增长率（%）				就业增长率（%）				就业弹性			
	合计	第一产业	第二产业	第三产业	合计	第一产业	第二产业	第三产业	合计	第一产业	第二产业	第三产业
2009	17.64	2.77	7.23	27.95	2.28	-1.27	2.27	6.02	0.13	-0.46	0.31	0.22
2010	15.00	0.98	16.15	15.83	1.47	-1.29	10.52	-2.10	0.10	-1.32	0.65	-0.13
2011	12.50	6.14	17.06	10.11	1.11	-3.75	-1.74	8.14	0.09	-0.61	-0.10	0.80
2012	11.63	9.70	10.35	12.72	5.63	-3.05	5.05	13.68	0.48	-0.31	0.49	1.08
2013	10.22	12.80	12.09	8.69	1.71	-3.32	-2.73	8.40	0.17	-0.26	-0.23	0.97

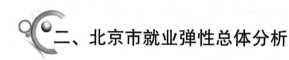 二、北京市就业弹性总体分析

北京市 2009~2013 年的就业弹性系数如表 3-2 所示，数据来源为北京市 2014 年统计年鉴（以下北京市就业结构与产业结构协调分析数据来源同此）。可以得出以下整体特点：经济增长速度很快，整体表现为先增后降的趋势。2009~ 2010 年增长速度加快，而 2010~2013 年表现为增长速度逐渐变缓；就业增长速度相对较慢，保持着相对平稳的趋势，整体表现也是先增后降，但滞后于经济增长速度。具体分析发现，五年间就业弹性的平均值为 0.27，就业弹性变化表现为稳定的增长趋势。其中，第一产业就业弹性五年均为负数，表明就业人员在逐步离开该行业，而第三产业的就业弹性平均值最大，表明其吸纳就业的能力最强。

表 3-2　北京市地区生产总值增长率、就业增长率和就业弹性分析

年份	地区生产总值增长率（%）				就业增长率（%）				就业弹性			
	合计	第一产业	第二产业	第三产业	合计	第一产业	第二产业	第三产业	合计	第一产业	第二产业	第三产业
2009	9.34	4.88	8.72	9.59	1.77	-1.27	-0.84	19.64	0.19	-0.26	-0.10	2.05
2010	16.13	5.16	18.66	15.49	3.34	-1.29	1.55	4.21	0.21	-0.25	0.08	0.27
2011	15.15	9.57	10.75	16.62	3.69	-3.75	8.14	3.11	0.24	-0.39	0.76	0.19
2012	10.01	10.20	8.18	10.57	3.52	-3.05	-3.01	5.81	0.35	-0.30	-0.37	0.55
2013	9.07	7.72	7.22	9.63	3.04	-3.32	1.88	6.84	0.34	-0.43	0.26	0.71

第二节　相对劳动生产率分析

相对劳动生产率是指某一产业的地区生产总值所占比重与这一产业的就业人口所占比重的比值，这一指标主要反映三次产业的产业结构与就业结构的相对变动关系，是测度产业结构效益的一种有效方法。相对劳动生产率的计算公式为：

$$w_i = \frac{y_i/Y}{p_i/P}$$

其中，y_i 为某一产业的地区生产产值；Y 为该地区生产总值；p_i 为某一产业的就业人口；P 为该地区的总就业人口。

在经济发展过程中，各产业的产出与就业的增长幅度并不完全一致，致使相对劳动生产率存在差异。但长期来看，各产业的相对劳动生产率应趋近于1。如果某一产业的相对劳动生产率小于1，表明该产业吸纳了过多的就业人员，该产业部门的劳动力将会向其他部门转移。因此，相对劳动生产率的差异会迫使劳动力从相对劳动生产率低的产业部门向相对劳动生产率高的产业部门转移，从而使就业结构发生变化。

一、大兴区相对劳动生产率分析

根据相关数据，计算出大兴区第一、第二、第三产业的相对劳动生产率，如表3-3和图3-1所示。通过分析发现，第一产业的相对劳动生产率很低，整体趋势变化不大，表明第一产业相对劳动生产率仍需进一步提高。第二、第三产业的相对劳动生产率正好呈现相反的趋势，第二产业的相对劳动生产率显示出先降后升的趋势，而第三产业显示出先升后降的趋势，表明第二、第三产业的发展趋势不同，但总体表现为具有较高的吸纳就业的能力。

表 3-3 大兴区第一、第二、第三产业的相对劳动生产率

年份	第一产业	第二产业	第三产业
2008	0.19	1.57	1.44
2009	0.18	1.43	1.51
2010	0.16	1.33	1.57
2011	0.16	1.42	1.44
2012	0.17	1.42	1.35
2013	0.18	1.51	1.25

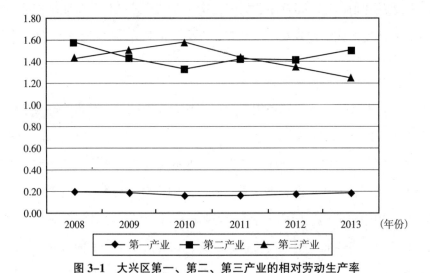

图 3-1 大兴区第一、第二、第三产业的相对劳动生产率

二、北京市相对劳动生产率总体分析

根据相关数据，计算出北京市第一、第二、第三产业的相对劳动生产率，如表 3-4 和图 3-2 所示。通过分析发现，第一产业的相对劳动生产率很低，基本维持在 0.17 以下，而第二、第三产业的相对劳动生产率基本维持在 1 以上。其中，第二产业的相对劳动生产率平均为 1.17，表明第二产业具有一定的吸纳就业的能力；而第三产业的相对劳动生产率相比第二产业较低，可能是第三产业内部行业分布的原因，需大力发展现代服务业，从而提高第三产业的相对劳动生产率与吸纳就业的能力。

表 3-4　北京市第一、第二、第三产业的相对劳动生产率

年份	第一产业	第二产业	第三产业
2008	0.16	1.15	1.20
2009	0.16	1.18	1.02
2010	0.15	1.22	1.01
2011	0.15	1.13	1.03
2012	0.16	1.18	1.01
2013	0.17	1.18	0.98

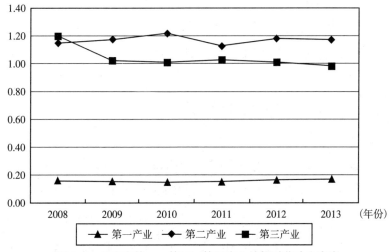

图 3-2　北京市第一、第二、第三产业的相对劳动生产率

第三节　结构偏离度分析

结构偏离度是由第一、第二、第三产业结构偏离系数构成的，即三次产业结构偏离系数的绝对值之和。这里的结构偏离系数为三次产业的就业人口比重与三次产业的产值比重之差，用公式表示为：

$$\beta = \sum |\beta_i|$$

$$\beta_i = (E_i/E - G_i/G) \times 100 \qquad i = 1, 2, 3$$

其中，β_i 为第 i 次产业的结构偏离系数；E_i 为第 i 次产业的就业人口数；E 为三次产业的就业人口总数；G_i 为第 i 次产业的地区生产产值；G 为三次产业的地区生产总值。当结构偏离系数为零时，表明该产业的产业结构与就业结构达到均衡状态；结构偏离系数大于零，表明这一产业的就业比重大于产值比重，该产业存在需要转出的剩余劳动力；结构偏离系数小于零，表明该产业应该吸收更多的劳动力。

总体来看，结构偏离度越小，产业结构与就业结构越均衡；结构偏离度趋于零时，表明产业结构与就业结构处于均衡状态；结构偏离度越大，产业结构与就业结构越不协调，经济增长就无法解决就业压力。

一、大兴区结构偏离度分析

计算大兴区产业结构和就业结构间的结构偏离系数与偏离度如表3-5、图3-3所示。从结构偏离度的变化趋势来看，大兴区产业结构和就业结构存在严重偏离，偏离度虽呈现逐年下降的趋势，但由于基数太大，2013年大兴区的产业结构和就业结构的偏离度仍高达48.51，这表明大兴区产业结构与就业结构非常不均衡。其中，第一产业偏离数一直为正，且数值很大，表明大兴区第一产业的劳动生产率较低，部分劳动力需要从第一产业向第二、第三产业转移。第二产业的偏离数一直为负，其绝对值先降后增，第三产业的偏离数也一直为负，其绝对值先增后降，这表明第二、第三产业的劳动生产率较高，具有一定的吸纳劳动力的能力。

表 3-5　大兴区产业结构和就业结构的偏离数与偏离度

年份	第一产业偏离数	第二产业偏离数	第三产业偏离数	偏离度
2008	30.61	-14.88	-15.73	61.21
2009	30.22	-11.27	-18.95	60.44
2010	30.01	-9.33	-20.68	60.01
2011	28.61	-11.65	-16.96	57.22
2012	25.92	-11.36	-14.56	51.83
2013	24.25	-13.20	-11.05	48.51

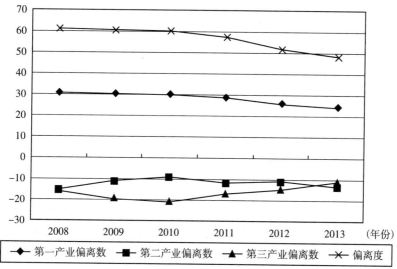

图 3-3　大兴区产业结构和就业结构的偏离数与偏离度

二、北京市结构偏离度总体分析

北京市产业结构与就业结构的偏离数与偏离度如表 3-6、图 3-4 所示。第一产业结构偏离数大于零，表明第一产业就业人口需要进一步转出，第二产业结构偏离数均小于零，第三产业除 2013 年外结构偏离数也均小于零，表明第二、第三产业存在吸收就业人口的能力。总体来说，2008~2013 年北京市的产业结构偏离度平均值为 11.45，偏离度较大，表明北京市产业结构与就业结构存在严重偏离，但 2008~2013 年偏离度逐年下降，说明产业结构与就业结构逐步向均衡发展。

表 3-6　北京市产业结构和就业结构的偏离数与偏离度

年份	第一产业偏离数	第二产业偏离数	第三产业偏离数	偏离度
2008	5.41	−3.11	−12.60	21.11
2009	5.26	−3.50	−1.75	10.51
2010	5.07	−4.36	−0.71	10.14
2011	4.69	−2.60	−2.09	9.37
2012	4.33	−3.50	−0.83	8.67
2013	4.03	−3.34	1.56	8.92

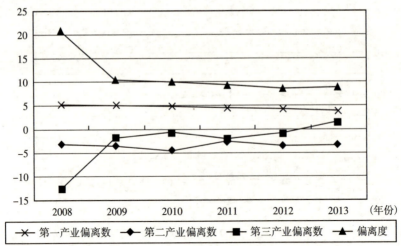

图 3-4　北京市产业结构和就业结构的偏离数与偏离度

第四节　相关系数分析

　　产业结构与就业结构变化的相关系数是衡量二者之间线性相关关系的一个指标，可以利用 Excel 软件的 CORREL 函数对就业人口与经济发展水平进行相关分析。一般认为，相关系数（γ）> 0.8，则变量之间为高度相关；γ 在 0.8~0.5 之间为中度相关；γ 在 0.5~0.3 之间为低度相关；γ < 0.3 为无相关。

一、大兴区产业结构与就业结构相关性分析

　　对大兴区就业人口与地区生产总值进行相关性分析，如表 3-7 所示。结果表明：就业人口与地区生产总值的相关系数高达 0.97，表明二者呈高度相关关系。其中，第二产业和第三产业就业人口与地区生产总值的相关系数也较高，分别达到 0.84 和 0.91，表明地区生产总值的提高带动了就业人口的增长，而第一产业就业人口与地区产值呈高度负相关。总体来看，大兴区就业人口与地区生产总值

的相关系数与北京市的相关系数基本一致。

表 3-7　大兴区就业人口与地区生产总值相关性分析

年份	就业人口总数（万人）	第一产业就业人口（万人）	第二产业就业人口（万人）	第三产业就业人口（万人）	地区生产总值（亿元）	第一产业地区生产总值（亿元）	第二产业地区生产总值（亿元）	第三产业地区生产总值（亿元）
2008	25.4	9.7	6.6	9.2	230.5	16.9	94.1	119.5
2009	26.0	9.5	6.8	9.7	271.2	17.4	100.9	152.9
2010	26.4	9.4	7.5	9.5	311.9	17.6	117.2	177.1
2011	26.7	9.1	7.3	10.3	350.9	18.7	137.2	195
2012	28.2	8.8	7.7	11.7	391.7	20.5	151.4	219.8
2013	28.7	8.5	7.5	12.7	431.7	23.1	169.7	238.9
γ					0.97	-0.97	0.84	0.91

二、北京市产业结构与就业结构相关性分析

根据相关数据对北京市就业人口与地区生产总值进行相关性分析，结果表明，就业人口与地区生产总值呈高度相关，且 γ 值达到 0.998，第二产业和第三产业就业人口与地区产值也呈高度正相关，而第一产业就业人口与地区产值呈高度负相关。如表 3-8 所示。

表 3-8　北京市就业人口与地区生产总值相关性分析

年份	就业人口总数（万人）	第一产业就业人口（万人）	第二产业就业人口（万人）	第三产业就业人口（万人）	地区生产总值（亿元）	第一产业地区生产总值（亿元）	第二产业地区生产总值（亿元）	第三产业地区生产总值（亿元）
2008	980.9	63.0	201.3	615.6	11115.0	112.8	2626.4	8375.8
2009	998.3	62.2	199.6	736.5	12153.0	118.3	2855.5	9179.2
2010	1031.6	61.4	202.7	767.5	14113.6	124.4	3388.4	10600.8
2011	1069.7	59.1	219.2	791.4	16251.9	136.3	3752.5	12363.1
2012	1107.3	57.3	212.6	837.4	17879.4	150.2	4059.3	13669.9
2013	1141.0	55.4	216.6	894.7	19500.6	161.8	4352.3	14986.5
γ	—		—	—	0.998	-0.999	0.853	0.940

第五节 大兴区就业结构与产业结构关系的基本结论

大兴区地处北京市南部，随着中央京津冀一体化协同发展重大国家战略的提出，大兴区承载着疏解非首都功能以及建设交通枢纽区的重任。大兴区将进一步优化产业，向着高端化、集聚化方向发展。综合大兴区就业状况与经济发展之间关系的研究结论可以发现，大兴区就业存在以下几点特征：

（1）经济发展带动了就业规模的增加，总体来看大兴区就业人口与经济发展水平呈正相关，但仍呈现经济高增长、就业低增长的趋势，这与北京市的经济发展趋势基本一致。具体来看，2009~2013年大兴地区生产总值增长率保持着每年10%以上的增长速度，地区生产总值增长速度略高于北京市。大兴区就业增长率除2009年为2.28%、2012年为5.63%外，其他年份增长率仅为1%~2%，而北京市2010~2013年就业增长率一直保持着比较稳定的3%以上的增长速度。

（2）大兴区第一产业地区生产总值的增长率除2010年外，呈现逐年增长的趋势，体现出大兴区政府重视第一产业发展，并引导第一产业进行战略性调整。但分析第一产业的结构偏离数和相对劳动生产率可以发现，第一产业从业人口基数大，劳动生产率低下，需要进一步进行产业优化。而第一产业从业人口众多也导致大兴区就业结构与产业结构偏离度数值非常大。

（3）大兴区第二产业地区生产总值增长率趋势与北京市的趋势基本一致，值得注意的是北京市从2010年开始第二产业地区生产总值增长率一直是下降的，而大兴区2013年开始增长率不降反升，这表明大兴区进一步加大了第二产业尤其是工业的发展。大兴区2008~2013年工业年均增长率达到了15.7%，远远高于北京市的10.7%，这体现了大兴区"十二五"规划中作为区域发展支点全面提升高技术制造业和战略性新兴产业的综合实力的战略目标。

（4）大兴区第三产业地区生产总值增长率基本呈现逐年下降的趋势，但就业增长率2011~2013年一直保持较高的增长水平，表明第三产业成为吸收就业人口的主要途径。具体分析第三产业各行业就业人口、资产总额以及地区生产总值的变化情况可以发现，三个指标保持较快增长速度的是信息传输、软件和信息技术服务业，租赁和商务服务业，科学研究和技术服务业，水利、环境和公共设施管理业以及文化、体育和娱乐业，这正好契合了大兴区"十二五"规划中提到的要培育面向生产、科技创新和生活的服务业，特别强调要积极发展金融服务等生产性服务业，科技研发服务等促进科技成果产业化的科技创新服务业，以及商贸服务、文化服务等有利于保障和改善城乡居民生活、提升公共服务功能的生活服务业的战略目标。

（5）大兴区第二、第三产业的地区生产总值一直保持着较高的增长率，但第二、第三产业的就业增长率波动较大，导致就业弹性的波动也较大，但从大的趋势来看，第三产业存在较强的就业吸纳能力，而第二产业的就业吸纳能力相对较弱。

（6）第二产业的相对劳动生产率保持比较平稳并从2011年开始逐渐增长的趋势，表明高科技企业的引进进一步促进了劳动生产率的提高；而第三产业相对劳动生产率从2011年开始逐年下降，还需要进一步扶持技术含量高的服务业的发展。

第四章 // 大兴区就业结构优化的对策建议

　　大兴区地处北京市南部，随着中央京津冀一体化协同发展重大国家战略的提出，大兴区承载着疏解非首都功能以及建设交通枢纽区的重任，大兴区必将进一步优化产业结构，向着高端化、集聚化方向发展。以上关于大兴区就业结构与产业结构协调关系的研究表明，大兴区就业结构明显滞后于产业结构，三次产业发展不平衡。通过与北京市总体情况做比较，发现大兴区就业结构与产业结构的均衡程度滞后于北京市总体水平。因此，优化大兴区就业结构，缓解就业结构与产业结构失衡的程度，对于大兴区产业结构调整与经济发展具有重要意义。

第一节　深化第一产业，调整第二产业

　　从宏观上看，第一、第二、第三产业在劳动力吸纳方面存在较大差异，第三产业是吸纳劳动力最强的部门。但是第三产业的发展有赖于第一、第二产业的支撑，因此在大力发展第三产业的同时还要重视三次产业之间的关联度。

　　第一产业无论占大兴区经济的总量还是对就业的拉动作用都微乎其微，但是第一产业的深化发展对大兴区来说也有着重要的意义，主要表现在为二、三产业发展提供服务。首先，大兴区应发展高科技、高附加值、高质量、集约型、长产

业链条、高环保、具有较强生态功能的新型农业，特别要注重农业生产与城市生态环境的协调互补以及为居民提供无公害绿色农产品；其次，发展为北京市民提供休闲度假服务的观光农业；最后，发展实行工厂化、企业化运作的工程农业，充分利用农业、农村外部资源、资金和技术，集生产、流通、服务、信息、科研于一体，发展产前、产中、产后相衔接的高附加值集约农业。

积极促进第二产业内部的调整，使产业内布局更加合理，更能促进经济和谐发展。第一，发展壮大以高新技术为主导的电子信息产业，推动电子信息产业向产业链、价值链的高端延伸；第二，重点培育生物医药、新材料、新能源等新兴产业，积极扶持环保产业；第三，积极培育高新技术产业新的增长点，优化高新技术产业结构；第四，加快传统产业技术改造，促进产品升级换代；第五，优化产业布局结构，实施产业集群策略，提高大兴区工业集约化水平；第六，扶持重大缺失产业链和产品链，推进产业过程由简单环节向复杂环节、由少数环节向多数环节的加工制造转变。

第二节　继续推动传统服务业，大力发展现代服务业

利用大兴区有利的空间位置和南城发展机遇，不断发展吸纳较多就业人口的批发和零售业，租赁和商务服务业，公共管理、社会保障和社会组织等，同时要大力发展现代交通运输、仓储和邮政业，信息传输、软件和信息技术服务业，金融业，旅游业等现代服务业，促进劳动力有效转移与就业结构转化。首先，全方位增强物流中心、金融中心、消费中心、专业服务中心、商务活动中心五大城市功能，实现服务业的跨越式发展；其次，加强商贸、旅游、会展业的联动发展，努力建成辐射亚洲乃至全球的商贸、会展中心和基地；最后，加强专业服务领域的合作，利用北京市先进的经营理念、管理技术和国际客户资源等优势，提升会

计、审计、律师、资产评估、监理、质检认证、仲裁、公证等专业服务业的发展水平和档次。

第三节　大力推动职业教育与培训，提高劳动力素质

制定合理的培训和教育政策，着力提高劳动力的素质和质量，使劳动力结构的调整能跟上产业结构调整的步伐。提高劳动力素质和质量，必须加大企业、社会和政府对劳动力资源的投入，把重点放在提高劳动力素质上，从而提高劳动生产率，推动经济增长方式快速转变。首先，借鉴国内外培训教育经验，鼓励各企业开展形式多样的职工培训，包括对新员工的入职培训、员工的在职培训、管理人员和优秀员工的升级培训、离职进修的脱产培训等。其次，大力发展职业教育和培训，提高新成长劳动力的综合素质与竞争力，为劳动力市场培养高素质、高技能人才。最后，加强下岗失业人员再就业指导和职业技能培训，缓解由于劳动者自身的科技文化与劳动技能滞后于经济结构的变动而引起的结构性失业，提高下岗失业人员对社会经济发展的适应能力和竞争力。

第四节　建立统一的劳动力市场，完善劳动力市场体制

只有完善的劳动力市场，才能实现劳动力资源的有效配置，吸引高素质人才流入，优化就业结构。首先，建立统一完善的城乡劳动力市场体系，及时解决区内农村剩余劳动力与到大兴区务工的大量外地农民工劳动力的就业问题。其次，

规范劳动力市场，健全劳动力市场服务机构和劳动仲裁机构，建立城乡统一的劳动力供需信息网络，大力发展各类职业介绍所以及人才交流中心，保证劳动力市场的正常运行与健康发展。最后，建立完善的城乡社会保障制度，扩大社会保障覆盖面，把非公有经济领域的劳动力和外地农民工劳动力逐步纳入社会保障范围，并做好社会保障在不同就业单位的交接和连续性工作。

大兴区房地产业发展问题研究

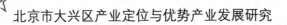

改革开放以来，中国的房地产业经历了从不成熟到逐渐成熟的发展过程，现在已经成为我国的经济增长点，对经济增长和人民生活条件的改善都做出了贡献。房地产业在自身发展的同时，带动了大量相关产业的繁荣与发展，还促进了社区服务、物业管理、房屋中介服务等新兴业态的形成。据投入产出模型测算，每100亿元房地产投资可以诱发国民经济各部门产出286亿元。对于工业化、城市化、国际化与信息化等发展趋势共存并进的中国经济而言，房地产业的主导性地位将是长期存在的。

随着宏观经济环境的向好发展，北京市的房地产投资规模在不断增加。房地产业是经济活动的基础和载体，与城市化和工业化关系密切，是国民经济的重要组成部分。近十年来房地产业占我国国内总产出的2%~8%，占固定资产投资的比重为17%~20%。就北京市而言，房地产业增加值约占地区生产总值的7%，房地产业投资额占全社会固定资产总投资额的比例高达50%以上，房地产销售额约占社会消费品零售总额的47%。可见，房地产拉动经济增长的作用显著，是经济发展的基本支撑点之一。同样，北京市大兴区的房地产市场发展态势在宏观经济向好的大背景下也总体保持稳定。

房地产业本身对投资和消费具有重要意义。房地产业还与一系列的产业链条相联系，通过这些产业链条可以间接影响宏观经济。同时，房地产业的高速增长会带动房地产相关行业的快速增长，也必然会对其他行业增长产生一定程度的冲击和抑制，这种增长差异对地区经济结构的影响非常大。

推动经济增长是世界各国和地区政府的重要职责，是社会进步和人民生活水平提高的基础。衣食住行是生活最基本的要素，房地产业在国民经济中隶属第三产业，是人民生活的"刚性需求"，更是区政府需要关注的重要产业。

第一章 // 大兴区房地产业现状

第一节　房地产业的基本情况

大兴区地处北京市南部，辖区面积 1036 平方公里。作为首都规划的 11 个新城之一，大兴区在经济、区位等诸多方面有着较为突出的优势，对于汇聚新产业、带动区域规模化发展具有重要作用。

一、房地产业法人单位和从业人员的基本情况

随着大兴区经济的发展，房地产业中法人单位和从业人员的数量也在不断变化。

从表 1-1 中可以得知，大兴区房地产业的法人单位数量自 2009 年至 2011 年保持不变，即规模以上法人单位数量是稳定的。作为房地产业的重要组成部分，房地产开发经营业的法人单位数量在经历下降后呈现基本稳定的趋势。具体来看，大兴区房地产开发经营企业的数量自 2009 年至 2011 年不断下降，自 2011 年至 2013 年基本保持稳定。

表1-1　2008~2013年大兴区房地产业及房地产开发经营业的法人单位情况

单位：个，%

年份	2008	2009	2010	2011	2012	2013
房地产业法人单位数量	240	195	195	195	—	—
房地产开发经营法人单位数量	201	157	153	147	148	148
房地产开发经营业法人单位数量增长率	—	−21.89	−2.55	−3.92	0.68	0.00

注：表中除2008年包含全区所有单位外，其他年份数据口径为大兴区规模以上法人单位。

由图1-1可以看出，对于房地产开发经营业，法人单位数量呈下降的趋势，且变化率不大。其中，2011年增长率降到近年来的最低值，即降低3.92%，而2012年增长0.68%。

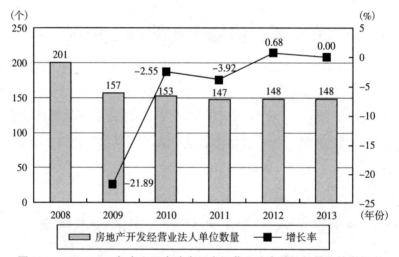

图1-1　2008~2013年大兴区房地产开发经营业法人单位数量及其增长率

在从业人员数量方面，从表1-2、图1-2中可以看出，自2008年至2013年，大兴区房地产企业的从业人数呈现逐年增加的趋势。从增长率的情况来看，自2009年至2013年，增长率处于6.55%~17.85%，且呈现"W"形。其中，大兴区房地产业从业人员的增长率在2009年、2011年、2013年保持了高位增长，在2010年、2012年呈现低位增长。

表1-2　2008~2013年大兴区房地产业从业人员数量及其增长率

单位：人，%

年份	2008	2009	2010	2011	2012	2013
数量	4987	5811	6274	7272	7748	9131
增长率	—	16.52	7.97	15.91	6.55	17.85

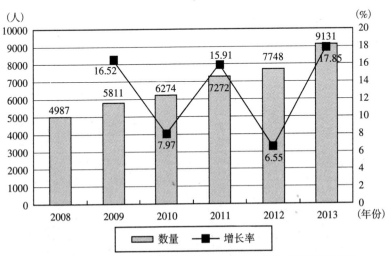

图1-2　2008~2013年大兴区房地产业从业人员数量及其增长率

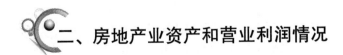 二、房地产业资产和营业利润情况

　　房地产业的发展为社会创造了巨大财富。近年来，大兴区房地产业的资产总额不断增加，利润总额则有增有减。

　　房地产业属于资本密集型产业，具有高额回报率和高行业关联性等特点。自2008年到2013年，房地产业一直吸引着巨额资本的涌入，其资产总额一直呈高速增长状态，如表1-3和图1-3所示。尤其是在2010年，行业资产总额几乎呈翻倍增长的状态，增长率达到96.65%。即使在增长率最低的2012年，增长率也达到了11.67%。房地产业资产总额的快速增长与投资增长密切相关，自2009年起，开始了房地产业的投资热潮；进入2010年，资本开始密集涌入，大兴区房地产业的资产总额较2009年几乎翻倍，增长率达到近年来的最高值96.65%。自

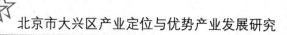

2010 年之后，资本总额依然保持有序增长，但是其增长率开始回落。房地产业资本总额的增长率逐渐从 2010 年的 96.65%回落至 2013 年的 19.01%。

表 1-3　2008~2013 年大兴区房地产业资产总额及其增长率

单位：亿元，%

年份	2008	2009	2010	2011	2012	2013
资产总额	465.63	563.09	1107.34	1370.85	1530.80	1821.74
增长率	—	20.93	96.65	23.80	11.67	19.01

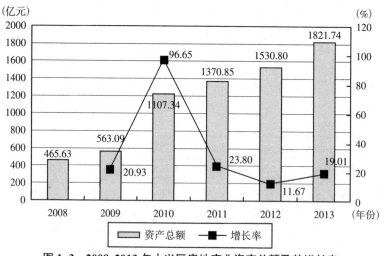

图 1-3　2008~2013 年大兴区房地产业资产总额及其增长率

在资本总额持续走高的情况下，房地产业的营业利润也备受关注。如表 1-4 和图 1-4 所示，大兴区房地产业的营业利润呈现快速增长后下降、再小幅增长的情况。与 2008 年相比，2009 年大兴区房地产业的营业利润增长了 6.5 亿元，达到 7.72 亿元，营业利润增长率达到 532.79%，实现了营业利润的巨幅增加。营业利润在经历了从 2008 年到 2011 年的持续增长后，2012 年营业利润降到自 2009 年以来的最低值 7.32 亿元，后又增长至 2013 年的 8.32 亿元。

表 1-4　2008~2013 年大兴区房地产业营业利润及其增长率

单位：亿元，%

年份	2008	2009	2010	2011	2012	2013
营业利润	1.22	7.72	8.44	10.75	7.32	8.32
增长率	—	532.79	9.33	27.37	−31.91	13.66

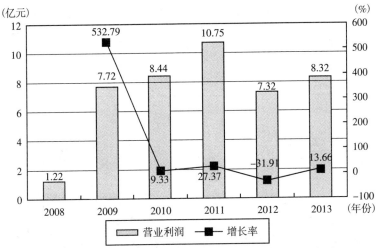

图1-4 2008~2013年大兴区房地产业营业利润及其增长率

自2010年以后，房地产市场增速放缓，营业利润增长相对趋缓。2010年利润增长率仅为9.33%，2011年增长率回升到27.37%，但是在2012年，利润增长率在近五年来首次出现负值，后来在2013年又出现正向增长，利润增长率达到13.66%。

大兴区房地产业营业利润的变化与房地产业相关政策的影响密切相关。在2012年中央经济工作会议强调坚持房地产调控政策不动摇的大背景下，政策的作用进一步促进房地产业经营理性回归。大兴区2012年的房地产行业营业利润增长率出现负值，市场进一步回归理性。

房地产开发经营业是房地产业的重要组成部分，房地产开发经营是指房地产开发企业在城市规划区内的国有土地上进行基础设施建设、房屋建设，并转让房地产开发项目，或者直接销售、出租商品房的行为。

由表1-5和图1-5可以看出，2008年至2013年，大兴区房地产开发经营业的资产总额变化较大，呈现出持续增长的趋势。自2009年至2010年，房地产开发经营业的资产总额同房地产业的资产总额变化趋势一样，同样进入大幅增长的时期。2010年，房地产开发经营业的资产总额为985.51亿元，增长率达到近年来的峰值99.51%。而2010年至2013年，在房地产开发经营业资产总额持续增长的前提下，资产总额的增长率虽然保持两位数增长速度，但整体上呈现增长率下降的趋势。

表1-5　2008~2013年大兴区房地产开发经营业资产总额及其增长率

单位：亿元，%

年份	2008	2009	2010	2011	2012	2013
资产总额	393.06	493.96	985.51	1255.31	1414.84	1701.28
增长率	—	25.67	99.51	27.38	12.71	20.25

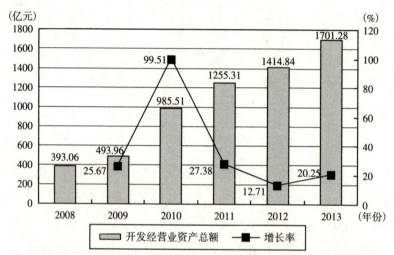

图1-5　2008~2013年大兴区房地产开发经营业资产总额及其增长率

　　如表1-6和图1-6所示，2008年至2013年，大兴区房地产开发经营业的营业利润基本呈现出先增后降的态势。经过2008年到2009年营业利润的暴涨之后，2010年与2009年相比，营业利润基本保持稳定。而2011年房地产开发经营业的利润再次暴涨，达到19.12亿元，利润增长率达到118.76%。进入2012年后，在房地产调控政策的作用下，利润和利润增长率都受到了明显的影响。2012年，房地产开发经营业的营业利润仅为8.25亿元，增长率为-56.85%。2013年营业利润为9.54亿元，相比2012年略有回升，利润增长率为15.64%。

　　由图1-6可以看出，2008年至2013年，房地产开发经营业的营业利润增长率呈"W"形，且高低值差距非常大，分别为2009年的391.57%和2012年的-56.85%。说明房地产开发经营业的利润增长率不稳定，也从侧面说明房地产业在发展中存在负面因素。

表1-6　2008~2013年大兴区房地产开发经营业营业利润及其增长率

单位：亿元，%

年份	2008	2009	2010	2011	2012	2013
营业利润	1.78	8.75	8.74	19.12	8.25	9.54
增长率	—	391.57	−0.11	118.76	−56.85	15.64

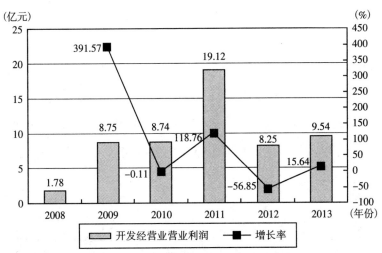

图1-6　2008~2013年大兴区房地产开发经营业营业利润及其增长率

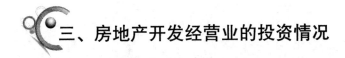三、房地产开发经营业的投资情况

　　房地产业与国民经济息息相关，房地产业的投资情况对经济发展的影响举足轻重。中国房地产业的开发投资额在1998年为3614.23亿元，到2011年底全国房地产开发投资额为61739.8亿元，是1998年的17倍。在全国房地产开发投资快速增长的趋势下，大兴区房地产业的投资情况也在变化，尤其是房地产业的重要组成部分——房地产开发经营业，其投资额呈现增长的趋势。

　　从表1-7中可以看出，自2008年至2011年，大兴区房地产开发经营业的年度投资额不断上升，在2012年小幅下降后又在2013年回升。自2008年至2009年，投资额开始过百亿元，2010年的投资额达到213.63亿元。自2010年至2011年，投资额以几乎100亿元的增幅增长至311.98亿元。2012年略有回落，

表 1–7　2008~2013 年大兴区房地产开发经营业年度投资额及其增长率

单位：亿元，%

年份	2008	2009	2010	2011	2012	2013
年度投资额	99.12	141.49	213.63	311.98	288.05	309.26
增长率	—	42.75	50.99	46.04	–7.67	7.36

跌至 288.05 亿元，2013 年重新回到 300 亿元投资额的高度。

从图 1–7 中可以看出，房地产开发经营业的投资总额呈总体向上增长的态势。从 2009 年至 2011 年，年度投资额保持在平均 45% 左右的增长率。2009 年至 2011 年的投资额增长率分别为 42.75%、50.99%、46.04%。进入 2012 年，年度投资额的增长为负值，降至–7.67%。2013 年增速为 7.36%，小幅回升。房地产开发经营业年度投资额的变化与走势，与 2008 年至今国家对房地产业的宏观调控政策分不开。

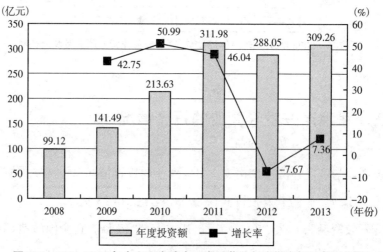

图 1–7　2008~2013 年大兴区房地产开发经营业年度投资额及其增长率

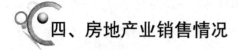 四、房地产业销售情况

受益于政策倾斜等多种因素的影响，大兴区商品房销售呈现出高速发展后稳

定增长的态势。从表 1-8 和图 1-8 可以看出，从 2008 年到 2010 年，商品房销售呈现高速增长的势头，2009 年和 2010 年的商品房销售额增长率分别达到 267.82% 和 174.92%，大兴区商品房销售快速进入上升期。2011 年的销售额相比 2010 年略有下降，为 245.02 亿元。而 2012 年和 2013 年迅速恢复高速增长，其中 2012 年的销售额为 335.92 亿元，2013 年的销售额为 404.48 亿元。在北京市"南城战略发展规划"的影响下，大兴区商品房销售额的走势一路上扬。

表 1-8　2008~2013 年大兴区商品房销售额及其增长率

单位：亿元，%

年份	2008	2009	2010	2011	2012	2013
销售额	26.57	97.73	268.68	245.02	335.92	404.48
增长率	—	267.82	174.92	-8.81	37.10	20.41

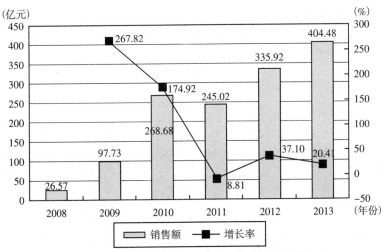

图 1-8　2008~2013 年大兴区商品房销售额及其增长率

第二节　房地产业对大兴区经济社会发展的作用

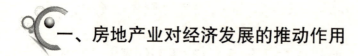

一、房地产业对经济发展的推动作用

　　房地产业增加值主要受房地产经营或销售状况的影响，其主要是指房地产企业在房地产开发过程中创造的新价值和固定价值转移之和。从表 1-9 中可以看出，大兴区房地产业的增加值自 2008 年至 2013 年持续快速增长，同 2008 年至 2013 年大兴区 GDP 增长趋势保持一致。其中，2008 年大兴区房地产业增加值为 19.85 亿元，2010 年翻倍增长至 33.71 亿元。2010 年以近 20 亿元的增量增长至 52.71 亿元。2012 年以近 10 亿元的增量增至 61.53 亿元。2013 年以 5 亿元的增量增长至 66.88 亿元。

表 1-9　2008~2013 年大兴区房地产业的增加值及 GDP 占比

单位：亿元，%

年份	2008	2009	2010	2011	2012	2013
房地产业增加值	19.85	33.71	52.71	54.38	61.53	66.88
GDP	230.45	271.18	311.90	350.83	391.73	431.62
房地产业增加值/GDP（%）	8.61	12.43	16.90	15.50	15.71	15.50

　　图 1-9 和表 1-9 中的"房地产业增加值/GDP"反映大兴区房地产业对区经济发展的贡献。2008 年，房地产业增加值/GDP 为 8.16%，在 2010 年达到近年来的最高值 16.90% 后，稍有下降并趋缓。但从 2011 年到 2013 年，房地产业增加值对 GDP 的贡献一直超过 15%，这三年房地产业增加值/GDP 分别为 15.50%、15.71%、15.50%。这些数据不仅说明了房地产业对大兴区经济发展具有极为重要的推动作用，也在一定程度上体现了房地产业在地区经济中的支柱性地位。

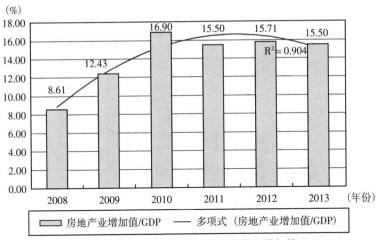

图1-9　2008~2013年大兴区房地产业增加值/GDP

　　税收对地区经济发展的贡献毋庸赘言。从表1-10、图1-10中可以看出，房地产业税收在2008年至2013年，从4.71亿元增长至25.97亿元，有超过5倍的增长量。房地产开发经营业的税收额从2008年至2013年同样是5倍多的增量。自2008年开始，房地产开发经营业的税收在整个房地产业税收的占比一直达到89.60%及以上的比重。其中，自2009年以来，税收占比一直高达95%以上。房地产开发经营业税收在整个房地产业的税收贡献率不容小觑。

表1-10　2008~2013年大兴区房地产开发经营业税收占房地产业税收比重

单位：亿元，%

年份	2008	2009	2010	2011	2012	2013
房地产税收	4.71	9.27	10.20	18.56	24.87	25.97
房地产开发经营税收	4.22	8.81	9.76	18.03	24.35	25.12
税收占比	89.6	95.0	95.7	97.1	97.9	96.7

 二、房地产业对吸纳就业的重要作用

　　从表1-11、图1-11中可以看出，大兴区房地产业从业人员数量呈现逐年增长的态势，其在吸纳劳动力人口就业方面的重要作用不容忽视。自2008年至

北京市大兴区产业定位与优势产业发展研究

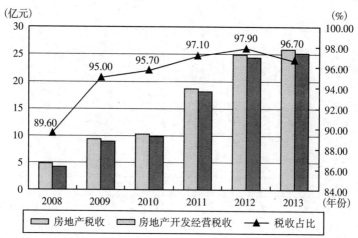

图 1-10 2008~2013 年大兴区房地产开发经营业税收占房地产业税收比重

2013 年，大兴区房地产业从业人员数量几乎翻了一倍，由 2008 年的 4987 人增长至 2013 年的 9131 人。其中，2008 年至 2009 年、2010 年至 2011 年、2012 年至 2013 年的增量均接近 1000 人。因此，从 2008 年到 2013 年的数据来看，房地产业的发展带动了区域人口就业，为社会发展和劳动力就业做出了一定的贡献。

表 1-11 2008~2013 年大兴区房地产业从业人员数量情况

单位：人

年份	2008	2009	2010	2011	2012	2013
房地产业从业人员数量	4987	5811	6274	7272	7748	9131

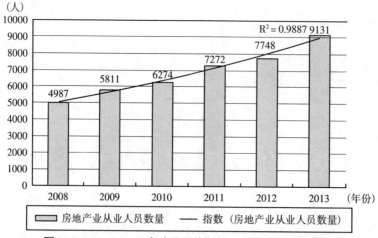

图 1-11 2008~2013 年大兴区房地产业从业人员数量情况

如表 1-12、图 1-12 所示，大兴区房地产业从业人员数量增长率呈现"W"形，增长率一直处于 6.55%~17.85%，有一定波动，但仍保持从业人员数量的持续增长。

表 1-12　2008~2013 年大兴区房地产业从业人员数量及其增长率

单位：人，%

年份	2008	2009	2010	2011	2012	2013
房地产业从业人员数量	4987	5811	6274	7272	7748	9131
增长率	—	16.52	7.97	15.91	6.55	17.85

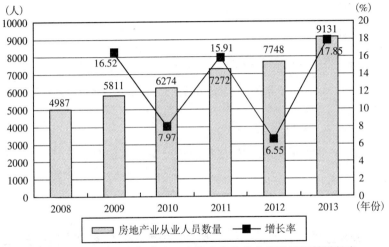

图 1-12　2008~2013 年大兴区房地产业从业人员数量及其增长率

从大兴区第三产业从业人员数量的情况来看，自 2008 年至 2013 年，整体呈稳定增长态势，如表 1-13 所示。其中，从 2008 年到 2010 年，第三产业从业人员数量先增加后小幅降低。进入 2011 年以后，第三产业从业人数开始大幅增加，每年增量接近 10000 人。而房地产业从业人员数量的增幅趋势基本与第三产业相同，先慢后快。同时，房地产业从业人员占第三产业从业人员的比重除了 2012 年略有降低外，基本保持稳步增长的态势，如图 1-13 所示。到 2013 年，大兴区房地产业从业人员数量占第三产业从业人员的比重达到 7.19%。

表 1–13 2008~2013 年大兴区房地产业从业人员数量及占第三产业从业人员比重

单位：人，%

年份	2008	2009	2010	2011	2012	2013
第三产业从业人员数量	91883	97410	95360	103118	117222	127070
房地产业从业人员数量	4987	5811	6274	7272	7748	9131
房地产业从业人员占第三产业从业人员比重	5.43	5.97	6.58	7.05	6.61	7.19

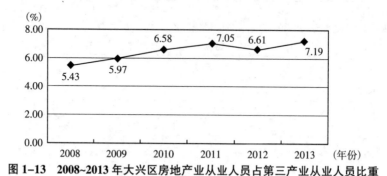

图 1–13 2008~2013 年大兴区房地产业从业人员占第三产业从业人员比重

从大兴区第三产业从业人员数量、房地产业从业人员数量以及房地产业从业人员数量占第三产业从业人员数量比重的情况来看，房地产业对于吸纳就业的贡献比较突出，且有持续良好发展的趋势。

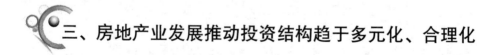三、房地产业发展推动投资结构趋于多元化、合理化

2003 年以来，随着中国房地产市场的日趋繁荣，房地产产品结构趋于优化，房地产投资快速增长。投资结构随着房地产业的发展而逐渐趋于多元化、合理化，房地产业投资对地区经济发展的影响亦逐渐增大。大兴区作为北京、天津两大都市的门户以及外埠进京的重要通道，在京津冀和环渤海经济圈中具有独特的地理位置，这一地理优势使其成为首都经济发展以及京津冀和环渤海等周边地区与腹地联结的枢纽。随着现代交通和通信体系的建设，在北京开发南城的机遇下，大兴区的政策优势和区位优势开始凸显，对于吸引投资来说极具优势。同时，随着市场需求和经济发展的变化，大量资本涌入房地产业，影响了住宅、经济适用房、办公用房、商业用房等投资结构的变化。住宅、经济适用房、办公用

房、商业用房等的投资额占比变化情况如表 1-14 和图 1-14 所示。

表 1-14　2008~2013 年大兴区房地产开发经营业中部分项目投资额占比情况

单位：%

年份	2008	2009	2010	2011	2012	2013
住宅投资额占比	63.42	53.44	72.50	66.90	58.97	54.58
经济适用房投资额占比	—	3.30	1.17	0.73	1.38	1.21
办公用房投资额占比	0.88	2.35	3.95	2.74	9.12	11.73
商业用房投资额占比	6.20	9.36	12.94	9.89	11.55	13.07

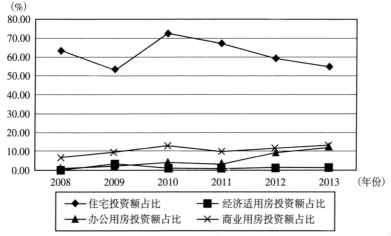

图 1-14　2008~2013 年大兴区房地产开发经营业中部分项目投资额占比情况

在北京市政府房地产市场调控政策的引导下，房地产产业结构趋于优化。从表 1-14 和图 1-14 可知，尽管从 2008 年到 2010 年，住宅、经济适用房、办公用房、商业用房等项目投资额占大兴区房地产开发经营业总投资额的比例有所波动，但从 2011 年到 2013 年，住宅投资额占比下降，非住宅投资额占比持续攀升，这在一定程度上反映出房地产业投资结构的多元化及合理化趋势。

此外，从图 1-14 中也可以发现，住宅投资额在房地产开发经营中仍占有绝对优势，但商业用房和办公用房也越来越受到投资方的青睐，投资额占比不断增加。

住宅用房的投资额自 2009 年开始直到 2011 年的大幅增长之后，近年来基本保持平稳。在表 1-15 中，自 2009 年至 2010 年，房地产业住宅类的年度投资额

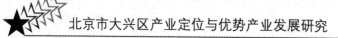

和投资增长率都呈现井喷式的增长。2011 年达到峰值 208.71 亿元，2012 年和 2013 年分别为 169.85 亿元和 168.78 亿元，投资额呈下降趋势。

表 1–15　2008~2013 年大兴区房地产业住宅投资额及其增长率

单位：亿元，%

年份	2008	2009	2010	2011	2012	2013
住宅投资额	62.86	75.61	154.88	208.71	169.85	168.78
增长率	—	20.28	104.84	34.76	−18.62	−0.63

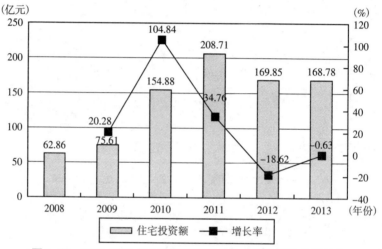

图 1–15　2008~2013 年大兴区房地产业住宅投资额及其增长率

在图 1–15 中，住宅投资额增长率先是大幅提升，后又不断下降再小幅提升，增长率在 2012 年和 2013 年均为负值。

在不断上涨的高房价面前，城市居民的购买能力较为有限。住房又是居民生活的必需品，无论价格涨跌，刚性需求是长期存在的。表 1–16、图 1–16 中的数据显示，从 2009 年至 2013 年，大兴区房地产业的经济适用房投资额先降后升再降，这一情况的出现也与房地产业的整体投资环境有关。自 2009 年至 2011 年，经济适用房的投资额不断下降，由 2009 年的 4.67 亿元降至 2011 年的 2.29 亿元。自 2011 年开始，经济适用房投资额开始有所上升。其中，2012 年为 3.98 亿元，2013 年为 3.73 亿元，有小幅下降。

表 1-16　2008~2013 年大兴区经济适用房投资额及其增长率

单位：亿元，%

年份	2008	2009	2010	2011	2012	2013
经济适用房投资额	—	4.67	2.50	2.29	3.98	3.73
增长率	—	—	−46.47	−8.40	73.80	−6.28

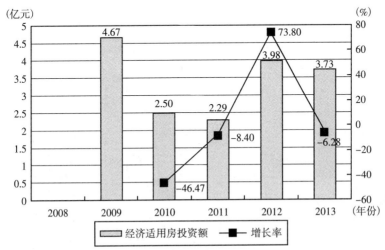

图 1-16　2008~2013 年大兴区经济适用房投资额及其增长率

　　2011 年，全国房地产市场在全方位的限制性环境中生长：全年央行共进行三次加息，六次上调存款准备金率。信贷的日益紧缩，致使房地产行业运行整体放缓。同时，又受住房"限购令"的影响，使得住宅类型的投资额继续承受压力。大兴区房地产开发经营业的投资变化情况也反映出北京市同时期房地产业相关政策的影响。总体来看，房地产业市场供给结构优化，市场投资中的一部分转向办公用房和商业用房，呈现出多元化和合理化的趋势。

　　大兴区办公用房从 2008 年到 2009 年以超过 3 倍的增速达到峰值 282.76%。2010 年继续保持高速增长，投资额增长率为 153.45%。2011 年投资额增长至 8.56 亿元，2012 年继续迅猛增长，投资额相比 2011 年增速为 207.01%，总投资额为 26.28 亿元，2013 年投资额达到 36.28 亿元，如表 1-17 和图 1-17 所示。

表 1-17　2008~2013 年大兴区办公用房投资额及其增长率

单位：亿元，%

年份	2008	2009	2010	2011	2012	2013
办公用房投资额	0.87	3.33	8.44	8.56	26.28	36.28
增长率	—	282.76	153.45	1.42	207.01	38.05

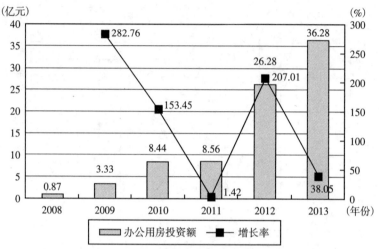

图 1-17　2008~2013 年大兴区办公用房投资额及其增长率

　　与此同时，商业用房投资增速也格外显著。先后有绿地、保利、金地、东亚新华等多家知名房地产公司的楼盘在大兴区竞相入市，带动大兴区房地产业进入多样化、城市化发展的快速上升期。如表 1-18 和图 1-18 所示，2009 年和 2010 年，商业用房投资额分别保持 115.28% 和 108.84% 的增速。2011 年到 2013 年，投资额继续保持小幅稳定增长。以上数据基本反映了市场需求的走向，反映出商业地产开始进入高速增长期。

表 1-18　2008~2013 年大兴区商业用房投资额及其增长率

单位：亿元，%

年份	2008	2009	2010	2011	2012	2013
商业用房投资额	6.15	13.24	27.65	30.87	33.28	40.43
增长率	—	115.28	108.84	11.65	7.81	21.48

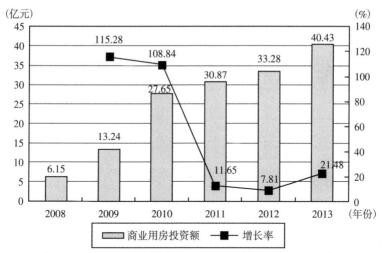

图 1-18　2008~2013 年大兴区商业用房投资额及其增长率

随着"宜业大兴"的建设，越来越多的写字楼办公项目入驻大兴，目前建成投入使用的有波普公社、清城办公中心等。近五年来，写字楼的投资以年均 74%的速度高速发展。2013 年，大兴区写字楼办公项目的投资额为 30.5 亿元，为前两年之和。

根据表 1-17、图 1-17，以及表 1-18、图 1-18 中关于大兴区办公用房和商业用房的相关数据，对比住宅类投资额降低的趋势，可以看出，办公和商业用房都保持持续高速的增长。2009 年，大兴区办公用房和商业用房的投资额，增速分别为 282.76% 和 115.28%，分别达到新高点。其中，自 2009 年以来，大兴区房屋施工面积以年均 32.5% 的速度逐年增长，商业和写字楼项目分别以年均 45.1%和 74.4% 的增速高速发展，两类项目施工面积逐年增加。

第三节　大兴区房地产业发展的优势分析

 一、政策效应

房地产业是进行房产、地产的开发和经营的基础建设行业，属于固定资产投资的范畴，受国家宏观经济政策的影响非常大。

1992 年，亦庄经济技术开发区破土动工，正式宣布以南城为代表的新型城区发展进入倒计时。依托亦庄经济开发区的吸纳辐射效应，大兴区在 2003 年前后得到了迅猛发展。

2009 年 11 月初，《促进城市南部地区加快发展行动计划》发布，这意味着在之后三年中，宣武、崇文、丰台、大兴、房山五区将得到共计约 2900 亿元的投资，南城的房价也会逐步提升。同年，政府加快大兴的土地供应，大兴黄村区域多个优质土地进入出让市场。

为了将置业者留在大兴，同时避免北城发展过程中的不足，大兴区在发展之初就进行了配套基础设施规划建设，统筹实施了一批交通、环境、水资源、能源项目，提高了城市南部地区的基础设施承载能力，为后期发展提供了广阔空间。2009 年，城市规划者同样起到了非常重要的作用，通过产业园区的兴建，在大兴区推出了大量的高密度住宅产品，城市规划者也是通过大量的共建类产品、服务类产品来吸引像宜家这样的大型商业服务企业进驻大兴。虽然包括大兴区在内的南城发展起步较晚，但发展空间更大。

二、地理及交通优势

大兴区位于北京市南部，历史悠久，被誉为首都的"南大门"，新城北距市中心 13 公里，是距离北京市区最近的远郊区。与其他郊区县相比，大兴区具有天然的地理优势，通过京开高速公路只需十几分钟车程就能到达北京市区。同时，大兴区又处于环渤海经济圈的中心，到天津新港只需 90 分钟车程，也是离海最近的北京郊区。这样一个绝佳的地理位置，有利于推动大兴区房地产业的发展。

房地产业的发展离不开区域交通的发展。大兴区的交通优势包括主干道、环线、高速和轨道交通等。随着交通环境的不断优化，大兴区已经在时间和空间上和城区连为一体。目前，首都第二机场已确定落户在大兴区榆垡镇和礼贤镇的位置。借助交通优势，大兴甚至会成为北京联通国际的绿色通道。

除京开高速公路快速连通市区外，辖区内已开通地铁 4 号线和地铁亦庄线，人们能够快捷地从大兴区到达北京市区，出行非常便捷，也能减少人们到大兴区安家置业的顾虑。除轨道交通外，公交线路也比较密集，有多条公交线路连接大兴区和北京市区；此外，大兴区区内还有 73 条公交线路。在区域交通便捷的前提下，大兴区人流、物流的汇聚效应已经初显，对于地区商业发展是一项有利的因素，也是推动房地产业中商业板块发展的重要因素。

三、环境资源优势

在自然环境、空气质量备受关注的当今，大兴区建成开放多家公园，提高了区域内绿化率，提升了环境质量。以南海子公园、万亩滨河森林公园等"十大公园"为龙头，大兴区累计建成开放高品质公园 35 个，总面积超过 30 平方公里，全区森林覆盖率达到 23.21%、林木绿化率达到 25.5%、城市绿化覆盖率达到 53%、人均绿地面积达到 74.8 平方米。特别是南海子公园一期和大兴新城滨河森林公园、亦庄滨河森林公园的建成，形成水面近 2000 亩，彻底改变了大兴没有水景观的历史。目前，全区森林保存面积 24054 公顷、活立木蓄积量 116.6 万立方米，每年可吸收二氧化碳 37 万吨，释放氧气 22 万吨，碳汇功能是北京市平均水平的 3.5 倍。

同时，大兴区有一定的土地资源优势，与京城北部和东部地区相比，住宅密度比率约为 1：3，大兴区有较低的容积率，可以让选择在这里生活的人们享受真正的宽广空间。这一点对如今追求生活品质的消费者来说具有重要的吸引力。此外，对于社会经济发展来说，土地是发展的载体，发展将会对土地产生大量需求，对非住宅的商业地产等也将产生大量需求。

生态环境建设和居住环境建设服务于产业发展和人民生活，城镇景观水平整体提升，居住环境得到明显改善，不仅提升了大兴区对人们生活居住的吸引力，也提升了大兴区对高端产业的吸附力。"绿色园廊绵延相连，高端产业镶嵌其间"的发展理念为大兴区房地产业发展提供了良好的环境基础。

四、产业联动优势

大兴区扼守南城门户，通过产业发展与外界形成联动。城南地区最大的优势就是广阔的土地资源。全市平原面积 6000 多平方公里，南城崇文（原）、丰台、大兴、房山等就占去 2500 平方公里。面对北部地区局促的土地和昂贵的地价，南部承载产业功能的空间正是未来发展最为稀缺的资源。

按照打造南部高技术制造业与战略性新兴产业聚集区的发展要求，大兴新区提出了发展"十大高端产业"、打造"一区六园"空间布局的总体发展思路，初步形成了以北京经济技术开发区为龙头，带动生物医药、新媒体、新能源汽车、军民结合、生产性服务业、新空港六大产业园共同发展的产业发展格局，聚集了大批高端产业和总部基地。目前，共有来自全球 30 多个国家和地区的 4800 余家企业入驻新区，入区企业投资总额超过 320 亿美元，聚集了 77 家世界 500 强公司的 109 个项目。

大兴区目前形成了北部都市产业区、东部现代制造业、中部文化创意产业区、西部综合产业区，包括北京市医药产业基地、物流产业基地、新媒体产业基地、星光影视园等，对大兴区的发展形成了有力的支持，为人口转移提供了一定的基础。总之，产业联动的规划让大兴区房地产业的综合环境更具有优势。

第四节　大兴区房地产业发展的劣势分析

一、产业布局不足

尽管具有一定的产业联动优势，但大兴区的产业布局仍有不足，在居住郊区化的同时，产业布局还有较大的调整空间。尽管由于搬迁、新购等原因，在大兴区居住的居民越来越多，但大量的就业岗位仍然集中在中心城区。大量居民尤其是居住在大兴区北部高米店、西红门等地铁沿线区域的很多居民在北京市中心区域工作，每天往返于中心城区和郊区之间，交通压力较大，从早晚高峰期地铁4号线的拥挤程度和京开高速的拥堵程度就可见一斑。

此外，大兴区城市总体发展规划中有"三城、三带、一轴、多点、网络化"的规划设想，其中，"三城"包括大兴新城、亦庄新城、新航城。"三城"之间有一定的距离，新航城还在建设中，而亦庄新城是依托于高新技术产业和先进制造业的综合产业新城。从目前的发展情况来看，亦庄新城是一个就业中心，但其中有一定数量的人员购房并居住在大兴新城或其他区域，也就是说，即使在大兴区内，也存在"职住分离"的情况。

产业布局可能使大兴面临很多郊区常见的"睡城"现象。即使因为交通便利等优势使得大兴区住宅市场火爆一时，但是从房地产业长期发展的角度来看，目前的产业布局情况将有所阻碍。

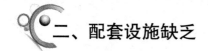 二、配套设施缺乏

相关领域的配套设施建设是房地产市场持续健康发展的良好基础。居住与商业、休闲、娱乐、生活配套从来都是相辅相成的，居住人群日常生活的满足需要商业的支撑。随着大兴居住水平的提升，区域商业高端物业的引进也迫在眉睫。目前，王府井百货、荟聚商业中心等一批中高端商业在大兴的进驻和发展，对提升大兴区商业配套服务水平有一定的积极作用。

但是，高质量的教育、医疗等配套服务设施建设还有不足。从居民生活置业的角度来看，除了考虑居住环境、交通状况外，居民购买住房时考虑更多的还有周边的教育和医疗服务情况。房产所在小区附近有没有幼儿园，小区的小学划片情况等，都影响着人们购买住宅时的选择。而且，现在还常常存在这样的现象：一些居民本来住在大兴区，但是在孩子上小学前的一段时间内，在教育资源更为丰富的西城区、海淀区等重新购房或租房。这种情况也在一定程度上影响大兴区房地产业的长期发展。

 三、观念调整滞后

从历史发展情况来看，大兴区的发展要比北京其他几大城区的情况都要曲折。大兴区地处北京市区以南，在计划经济时期，北京的中、重型工业发展至盛，其中绝大部分位于中北部地区。因为气候问题，污染源顺势南下引发了空气和水源的污染，虽然程度并不严重，但人们普遍有对大兴环境的负面印象。当时北京的人口数量和经济社会发展程度远低于现在，因此自计划经济时期一直延续到2000年左右，当北京市民选择居住地时，城北仍然是比较好的选择，南城大兴比较容易受到排斥。尽管随着南海子公园的落成开放以及古桑森林公园和野生动物园等园林开放，大兴环境脏、乱、差的偏见有所改观，但很多市民的固有观念还难以在短期内改变。从住宅销售和购买的情况来看，很多在北京工作、定居

的"新北京人"、年轻人不易受到那些传统观念的影响，更多地选择在大兴区购房。但是，从总体上来说，固有的负面观念难以调整，这对房产住宅销售是一种劣势。

此外，大兴区地处北京南郊，素有"京南门户"、"绿海田园"、"南菜园"之称。长期以来，大兴区的农业、农产品广为人知，人们对其他产业情况的认知度不足，这也影响着房地产业非住宅类产品的快速发展。

第二章

大兴区房地产业发展中出现的问题

第一节　房地产业对大兴区经济发展的贡献率降低

从表 2-1 中可以看出，房地产业增加值从 2008 年的 19.85 亿元到 2013 年的 66.88 亿元是持续增加的。从图 2-1 中的贡献率变化情况可以看出，大兴区房地产业对经济的贡献率起落幅度较大，自 2010 年贡献率达到峰值 46.66% 之后，

表 2-1　2008~2013 年大兴区房地产业增加值相关数据及 GDP 贡献率

单位：亿元，%

年份	2008	2009	2010	2011	2012	2013
房地产业增加值	19.85	33.71	52.71	54.38	61.53	66.88
房地产业增加值增长额	—	13.86	19.00	1.67	7.15	5.35
GDP	230.45	271.18	311.90	350.83	391.73	431.62
GDP 增长额	—	40.73	40.72	38.93	40.90	39.89
贡献率①	—	34.03	46.66	4.29	17.48	13.41

---

① 用 GDP 表示国民经济总产出，t 和 t-1 分别代表当期和基期，用 P_t 和 P_{t-1} 分别代表当期和基期房地产业增长值，则增长值贡献方法用公式表示为：$\lambda = (P_t - P_{t-1})/(GDP_t - GDP_{t-1}) \times 100\%$。

该公式的计算结果表明一个产业对经济增长部分贡献了多少个百分点，λ 值越大，表明该产业在 GDP 中比重越高，该产业对 GDP 增长的贡献率越大，反之则越小。

贡献率＝房地产业增加值增长额/GDP 增长额。

2011 年降至低谷 4.29%，2012 年增长至 17.48%，2013 年略有下降至 13.41%。从数据分布和贡献率走势来看，房地产业对大兴区经济发展的贡献率在降低，需要引起注意。

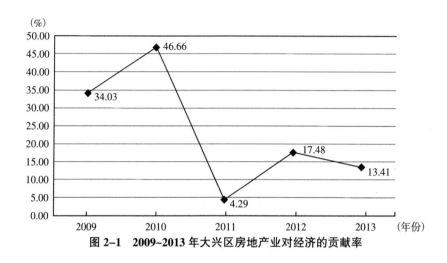

图 2-1　2009~2013 年大兴区房地产业对经济的贡献率

第二节　房地产业利润空间日益缩小

当前情况下，由于土地贵、工资高、融资难，加上限购政策的影响，房地产业实现高利润率的难度较大。

从表 2-2 和图 2-2 中可以发现，大兴区房地产业的主营业务收入增长率只有 2010 年为负值。得益于 2009 年非住宅类房地产业的高速增长，2008 年到 2009 年实现主营业务收入的翻倍增长。2010 年主营业务收入则降至 85.02 亿元，增长率为 -22.77%。2011 年收入回升至 137.73 亿元，增长率为 62.00%。2011 年至 2013 年，主营业务收入达到峰值 271.94 亿元，相比 2012 年增长率为 54.00%。

表 2-2 2008~2013 年大兴区房地产业主营业务收入及其增长率

单位：亿元，%

年份	2008	2009	2010	2011	2012	2013
主营业务收入	57.29	110.08	85.02	137.73	176.59	271.94
增长率	—	92.15	−22.77	62.00	28.21	54.00

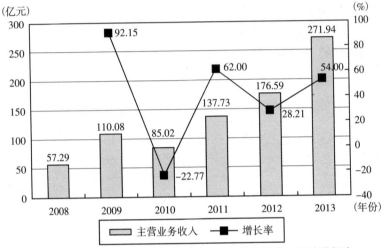

图 2-2 2008~2013 年大兴区房地产业主营业务收入及其增长率

从表 2-3 和图 2-3 可以看出，大兴区房地产业的营业利润先升后降，然后又小幅提升。2009 年的增长率达到峰值 532.79%，营业利润为 7.72 亿元。在营业收入持续增长的情况下，自 2010 年以后，利润增长率却持续走低，房地产业营业利润被摊薄，逐渐由 2010 年的 9.33%降至 2012 年的−31.91%。利润增长率趋势图为 "L" 形，呈急剧下降趋势。

表 2-3 2008~2013 年大兴区房地产业营业利润及利润增长率

单位：亿元，%

年份	2008	2009	2010	2011	2012	2013
营业利润	1.22	7.72	8.44	10.75	7.32	8.32
利润增长率	—	532.79	9.33	27.37	−31.91	13.66

在表 2-4 和图 2-4 中，从大兴区房地产业的利润率看，房地产业的利润率在 2010 年达到峰值 9.93%，此后持续下降，利润率曲线呈倒 "V" 形。房地产业的

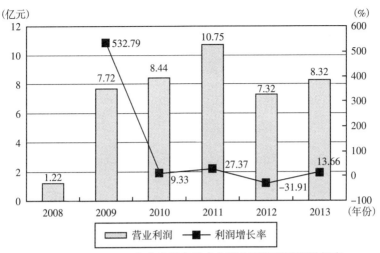

图 2-3　2008~2013 年大兴区房地产业营业利润及利润增长率

表 2-4　2008~2013 年大兴区房地产业营业利润及利润率

单位：亿元，%

年份	2008	2009	2010	2011	2012	2013
营业利润	1.22	7.72	8.44	10.75	7.32	8.32
利润率	2.13	7.01	9.93	7.81	4.15	3.06

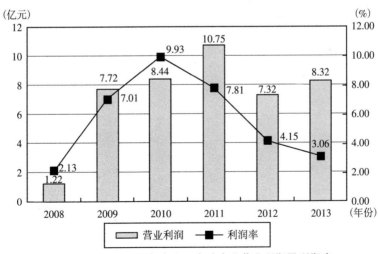

图 2-4　2008~2013 年大兴区房地产业营业利润及利润率

营业利润从 2008 年的 1.22 亿元剧增至 2009 年的 7.72 亿元，而利润率仅为 7.01%。2010 年营业利润为 8.44 亿元，利润率升至 9.93%，即为近年来的峰值。2008 年到 2010 年，利润率呈上升趋势，自 2010 年开始，利润率逐渐呈下降趋势，从 2010 年的 9.93% 跌至 2011 年的 7.81%、2012 年的 4.15%，2013 年利润率已低至 3.06%，利润空间逐渐缩小。

第三节 房地产开发经营业发展趋缓

房地产开发经营业是房地产业极为重要的组成部分，其营业收入、税收贡献等自 2009 年以来都超过房地产业的 90%，如表 2-5 和图 2-5 所示。其中，在 2009 年开发经营业的主营业务收入占比达到峰值 93.75%，而占比最低的 2008 年

表 2-5 2008~2013 年大兴区房地产开发经营业主营业务收入及其占比

单位：亿元，%

年份	2008	2009	2010	2011	2012	2013
房地产业主营业务收入	57.29	110.08	85.02	137.73	176.59	271.94
开发经营业主营业务收入	49.63	103.20	79.01	123.73	164.53	252.42
开发经营业主营业务收入占比	86.63	93.75	92.93	89.84	93.17	92.82

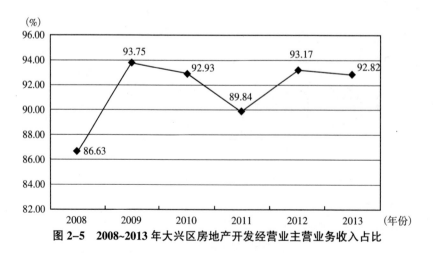

图 2-5 2008~2013 年大兴区房地产开发经营业主营业务收入占比

也达到86.63%。房地产开发经营业的主营业务收入其实就是房地产业收入的重要来源。

在表2-6和图2-6中，房地产开发经营业税收增长趋缓，增长率自2009年达到峰值108.77%之后，在2013年降至3.16%。从推动产业发展的角度看，因为房地产业与国民经济其他产业有着极强的关联性，开发经营业的缓慢发展将带来房地产业整体发展的缓慢，与房地产业相关的上下游产业也会因为其发展的放缓而受到影响，所以这也是一个不容忽视的问题。

表2-6 2008~2013年大兴区房地产开发经营税收及其增长率

单位：亿元，%

年份	2008	2009	2010	2011	2012	2013
房地产开发经营税收	4.22	8.81	9.76	18.03	24.35	25.12
开发经营税收增长率	—	108.77	10.78	84.73	35.05	3.16

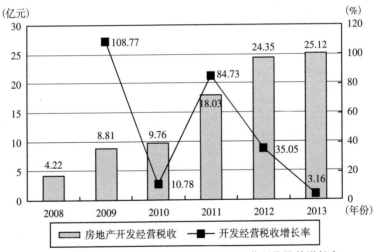

图2-6 2008~2013年大兴区房地产开发经营税收及其增长率

房地产业的高速增长会带动房地产相关行业的快速发展。同理，通过房地产业连接的其他产业链条，实体经济的波动可以间接影响宏观经济的发展，从而进一步对其他行业增长产生一定程度的冲击和抑制。对地区经济和税收有重要贡献的房地产业，其带来的相关产业经济的影响和波动，对地区经济结构的影响将会非常大。

第四节　房地产开发经营业中的住宅投资额降低

房地产开发经营业中的住宅投资额降低、住宅投资额占比减少，直接影响着房地产开发经营业的持续发展，进而影响房地产业整体的持续发展。在表 2-7 和图 2-7 中，在房地产开发经营业年度投资额和住宅投资额增加的情况下，住宅投资额在总投资额中的比重则不断变化。2008 年到 2009 年，比重由 63.42% 降至 53.44%。自 2010 年的峰值 72.50% 开始，2011 年至 2013 年，住宅投资额占比连续三年下降。

表 2-7　2008~2013 年大兴区房地产开发经营业年度投资额及住宅投资情况

单位：亿元，%

年份	2008	2009	2010	2011	2012	2013
房地产开发经营业年度投资额	99.12	141.49	213.63	311.98	288.05	309.26
住宅投资额	62.86	75.61	154.88	208.71	169.85	168.78
住宅投资额占比	63.42	53.44	72.50	66.90	58.97	54.58

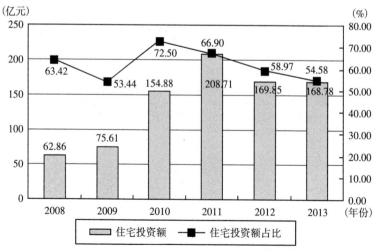

图 2-7　2008~2013 年大兴区房地产开发经营业年度住宅投资额及其占比

根据美国著名学者 M. Ball 和 T. Morrison 对住宅建设发展与各国经济增长的相关研究,① 随着人均 GDP 的增加，住宅建设投资占 GDP 的比例呈现倒 "U" 形曲线。其中，人均 GDP 达到或者超过 5000 美元时，该比例达到峰值，此后，随着人均 GDP 的增加，住宅建设投资额绝对值增加，但是占 GDP 的比例应呈下降趋势。

2012 年，大兴区人均 GDP 达到 13467.71 美元；2013 年，大兴区人均 GDP 达到 14412.07 美元。根据 M. Ball 和 T. Morrison 的研究成果，2012 年之后，大兴区住宅投资额占 GDP 比例应在倒 "U" 形曲线的下降位置，目前看来也确实如此，如表 2-8、图 2-8 所示。但是，与此同时，住宅建设投资额的绝对值也在下降，这是不符合住宅建设发展推动经济增长的一般规律的，需要加以关注。

表 2-8　2008~2013 年大兴区住宅投资额及其占 GDP 的比重

单位：亿元，%

年份	2008	2009	2010	2011	2012	2013
GDP	230.45	271.18	311.9	350.83	391.73	431.62
住宅投资额	62.86	75.61	154.88	208.71	169.85	168.78
住宅投资额/GDP	27.28	27.88	49.66	59.49	43.36	39.10

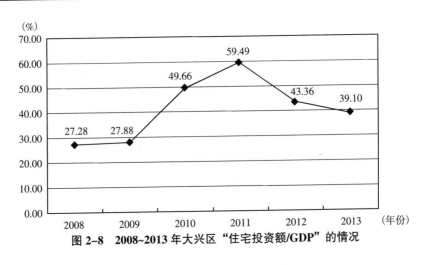

图 2-8　2008~2013 年大兴区 "住宅投资额/GDP" 的情况

---

① 美国著名学者 M.Ball 和 T.Morrison 对许多国家的住宅投资问题进行了研究，其关于住宅建设发展与各国经济增长的内在关系的结论如下：按照一般规律，住宅建设投资与人均 GDP 存在着内在关系，人均 GDP 在 500 美元以下时，住宅建设投资占 GDP 的比例在 2% 以下；人均 GDP 达到 2500 美元时，这一比例为 3%~5%；达到或者超过 5000 美元时，这一比例达到最高值 6%~7%。此后，住宅建设投资随着人均 GDP 的增加，绝对值增加，但占 GDP 的比例呈下降趋势，即著名的倒 "U" 形曲线。

第五节 商品房销售面积增长率趋缓

在"京南绿色新城"、"新兴产业基地"以及"战略发展节点"的区域定位下，大兴区经济增长迅速。经济的起飞也带动了房地产销售市场的升温。从表 2-9 中可以看出，与 2008 年相比，2009 年大兴区商品房销售面积以 3 倍的增速增加；2010 年，商品房销售面积也以 2 倍的速度继续快速增长。从 2011 年到 2013 年，年度商品房销售面积也保持在 200 万平方米以上。

表 2-9 2008~2013 年大兴区商品房销售面积及其增长率

单位：万平方米，%

年份	2008	2009	2010	2011	2012	2013
销售面积	33	94	199	210	221	203
增长率	—	184.85	111.70	5.53	5.24	−8.14

但是从图 2-9 来看，大兴区商品房销售面积的增长率呈"L"形的下行趋势。继 2009 年销售面积增长率达到峰值之后，2010 年增速为 111.70%；2011 年降

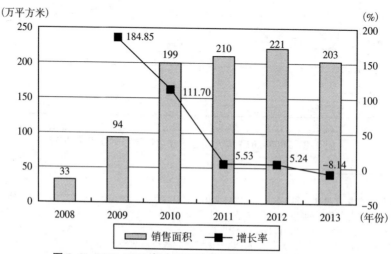

图 2-9 2008~2013 年大兴区商品房销售面积及其增长率

至 5.53%；2012 年为 5.24%，增速基本持平；到 2013 年，销售面积增长率已跌至 -8.14%。可见，大兴区商品房销售面积增长总体趋缓，甚至出现负增长。

第六节　存量房面积较大

2009 年以后，土地成本进一步增加，众多房地产企业进驻，大量房地产产品得以开发，多重因素使得房价进一步走高；而在消费一方，受到居民购买力有限及持币观望心态的影响，2010 年至 2013 年，存量房面积呈增长趋势。

对比房地产销售面积的相关数据，从表 2-10 和图 2-10 中可以看出，房地产业的存量房面积从 2008 年的 22 万平方米增长至 2013 年的 94 万平方米。其中，2009 年存量房面积最小，为 13 万平方米；2012 年的存量房面积最大，为 96 万平方米。2008 年至 2013 年，大兴区房地产存量房面积增长率呈"M"形，有两次先升后降的情况。由于大兴区"京南绿色新城"的定位，加上政策倾斜，相关配套基础设施的完善，尤其是地铁大兴线和亦庄线的规划使人们对缓解交通压力有了新的预期，大兴区房地产业在 2009 年实现了销售量剧增的业绩，进而使得存量房面积大幅减小。这也是图 2-10 中 2008 年至 2010 年存量房面积呈下降趋势的原因。但是，2012 年和 2013 年的存量房情况却不容乐观，存量房面积连续保持在 90 万平方米以上，存量房面积大成为必须关注的问题。

表 2-10　2008~2013 年大兴区存量房面积及其增长率

单位：万平方米，%

年份	2008	2009	2010	2011	2012	2013
存量房面积	22	13	29	44	96	94
增长率	—	-40.91	123.08	51.72	118.18	-2.08

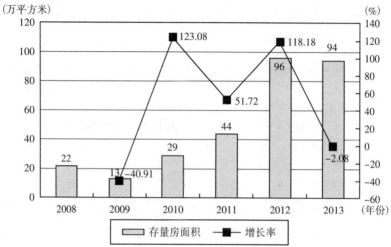

图 2-10　2008~2013 年大兴区存量房面积及其增长率

第七节　房地产业的产品结构不均衡

从表 2-11 和图 2-11 中可以发现，2011 年到 2013 年，大兴区房屋施工面积稍有波动，其中，2012 年施工面积达到最高值 1409.0 万平方米。另外，住宅面积的波动方向与大兴区房屋施工总体面积保持一致，都是先增后减。三年来，尽管住宅施工面积占比呈下降趋势，但一直占房屋整体施工面积的 50% 以上，最高时达到 70% 以上。

表 2-11　2011~2013 年大兴区房屋施工面积的基本情况

单位：万平方米，%

年份	2011	2012	2013
房屋施工面积	1143.8	1409.0	1332.4
住宅施工面积	848.4	930.0	722.0
住宅施工面积占比	74.17	66.00	54.19

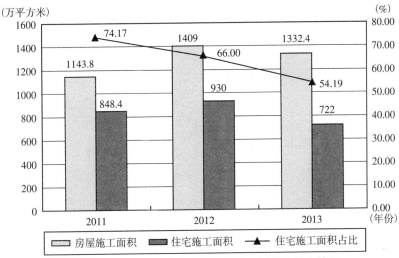

图 2-11 2011~2013 年大兴区房屋施工面积的基本情况

从表 2-12 和图 2-12 中可以发现，2011 年到 2013 年，大兴区房屋竣工面积波动较大，其中，2012 年竣工面积达到最高值 481.5 万平方米，超过 2011 年近 3 倍。另外，住宅竣工面积的波动方向与大兴区房屋竣工总体面积保持一致，都是先增后减。三年来，住宅竣工面积占比先升后降，且一直占房屋整体竣工面积的 50%以上，最高时达到 80%以上。

表 2-12 2011~2013 年大兴区房屋竣工面积的基本情况

单位：万平方米，%

年份	2011	2012	2013
房屋竣工面积	126.6	481.5	233.6
住宅竣工面积	90.6	387.8	125.0
住宅竣工面积占比	71.56	80.54	53.51

从表 2-13 和图 2-13 中可以发现，2011 年到 2013 年，大兴区商品房屋销售面积变化不大，其中，2012 年销售面积最大，达到 220.5 万平方米；2013 年销售面积最少，为 202.9 万平方米。另外，住宅销售面积持续减小，从 2011 年的 195.4 万平方米降到 2013 年的 133.2 万平方米。三年来，住宅销售面积占比持续下降，但是一直占商品房屋整体销售面积的 65%以上，最高时达到 90%以上。

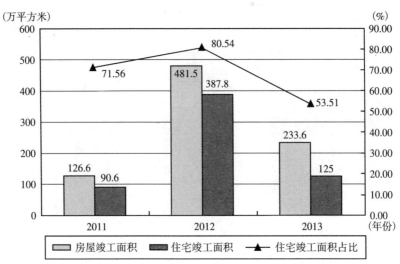

图 2-12　2011~2013 年大兴区房屋竣工面积的基本情况

表 2-13　2011~2013 年大兴区商品房屋销售面积的基本情况

单位：万平方米，%

年份	2011	2012	2013
商品房屋销售面积	209.8	220.5	202.9
住宅销售面积	195.4	174.2	133.2
住宅销售面积占比	93.14	79.00	65.65

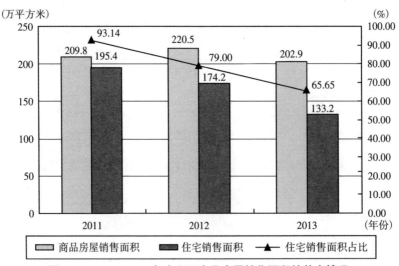

图 2-13　2011~2013 年大兴区商品房屋销售面积的基本情况

通过上述分析可以发现，在大兴区房地产业的产品结构中，住宅产品比重非常高，住宅类施工和竣工面积占比一直达到50%以上，而住宅销售面积一直达到65%以上，甚至在2011年，商品房屋销售面积中住宅销售面积达到了93.14%，在产品结构中占有绝对优势。住宅类产品占有绝对优势，说明产品结构不合理，对房地产业的长远发展是一个潜在问题。

此外，在占据重要比重的住宅类产品中，高端住宅过少也是一个问题。在北京市的北部地区，从2008年伴随着奥运会崛起了传统奥运区，到2014年APEC会议在北部雁栖湖成功举办，北部地区一直吸引着目光，而周边汇聚的高端豪宅以及别墅区也展示出房地产业的国际化、高端化发展趋势。南部的大兴区房地产业要获得持续发展，对产品结构的关注和调整也是一项必要的工作。

第三章 大兴区房地产业发展的思路与对策

　　房地产业对大兴区经济社会的发展起着重要的推动作用，促进了地区 GDP 的增加，为大兴区税收做出了贡献，吸纳了大批劳动者就业，还推动了投资结构的多元化。大兴区房地产业要实现长期发展，有着多方面的优势，包括政策优势、地理及交通优势、环境资源优势以及产业联动优势；同时也存在一些劣势，包括产业布局不足、配套设施缺乏、观念调整滞后等因素。大兴区房地产业在发展过程中也出现了一些问题，例如，房地产业虽然推动了地区经济发展，但是推动经济发展的贡献率在降低；产业利润空间日益缩小；房地产开发经营业发展趋缓；房地产开发经营业中住宅投资额的绝对值降低；商品房销售面积增长率趋缓；存量房面积较大；房地产业的产品结构不均衡。针对大兴区房地产业发展过程中出现的问题，结合其发展中存在的优势和劣势，课题组提出如下的产业发展思路与对策：第一，政府部门支持房地产业发展，优化产业布局，完善配套设施建设，为房地产业的长期发展提供坚实的支撑；同时，加大对大兴区现状的宣传力度，在潜移默化中调整固有的传统观念。第二，政府相关部门合理引导房地产业持续健康发展，同时充分发挥市场机制的作用，促进企业优胜劣汰，进而实现房地产业对大兴区经济发展的持续贡献。第三，充分利用各种优势资源，关注相关产业发展，促进产业间互动，实现跨产业融合创新发展。第四，关注房地产业中的房地产开发经营业，加快开发经营业的创新和转型，提高竞争力水平，寻求新的利润增长点。第五，鼓励房地产业内企业"强强联合"，降低存房量，促进业内良性竞争。第六，关注产业发展的关键要素——人才因素，优化房地产业人才结构，提高企业经营管理水平，通过人力资源推动产业发展。

第一节　完善产业布局和配套设施建设，加大宣传力度

大兴区房地产业的发展离不开政府部门的支持。首先，政府部门可以通过完善产业布局来支持房地产业发展。像其他郊区一样，大兴区也存在"职住分离"的情况，尤其是大兴区北部高米店、西红门等区域的住宅区表现得更为明显。此外，大兴新城和亦庄新城之间也存在"职住分离"的现象，"三城"中的"新航城"建设完成后，可能也会存在这样的问题。完善大兴区产业布局，一方面，通过产业合理布局促进大兴区内的三城间减少"职住分离"现象；另一方面，通过产业引进和建设吸引人们在大兴区就业，更大程度上减少"职住分离"现象，减少"睡城"形成的可能性。

其次，政府部门可以通过规划建设来完善房地产业的配套设施，继续完善商业、休闲、娱乐、生活方面的配套服务设施，对已经引进的中高端商业加强服务跟进，提高服务水平。此外，通过相关部门的规划建设与合作，继续提高区域内教育和医疗等方面的服务水平。例如，继续加强大兴区中小学与西城区、海淀区重点学校的合作，加强师资引进力度和师资培养水平，提高大兴区教育教学方面的知名度和美誉度，吸引人们到大兴区置业。

最后，还要加大对大兴区现状的宣传力度，让大兴区的产业发展、生活服务业等方面的情况得以广泛传播。通过广泛宣传，促使北京市民在潜移默化中调整固有的传统观念，真正了解大兴区的环境资源、交通资源、生活服务资源等情况，使人们在做出居住、就业、投资等选择时有更为客观的判断。

第二节　合理引导房地产业健康发展，
促进优胜劣汰

　　房地产业要获得长期健康发展，需要政府相关部门进行合理引导，同时还要充分发挥市场机制的作用，促进企业优胜劣汰，进而实现房地产业对大兴区经济发展的持续贡献。

　　首先，由于房地产业是为城市经济发展提供基础性、先导性服务的，因此要合理控制房地产业投资，明确房地产业在经济增长中的基础性、先导性位置，明确房地产业投资为地区经济增长服务、房地产业为地区长期均衡发展服务的重要作用，从而使房地产业发展与地区经济的整体运行相协调。另外，应明确政府在城市房地产业投资中的职能作用。房地产业固定资产投入过度会引发房地产相关行业的固定资产投入过度。这就要求政府首先在源头上合理引导固定资产投入规模，提高房地产及相关行业资产进入门槛。

　　其次，要充分发挥市场机制的作用，促进企业优胜劣汰，推动产业优化。大兴区房地产业经过前几年的飞速增长期，目前处于稳定增长阶段。在这一阶段，房地产企业需要对自身情况进行分析和判断，从产品定位、市场范围、融资渠道、商业模式等多个方面进行选择。消费者对房地产企业的商品评价标准已经从单纯的"低价格"上升到了重视房产产品的质量、房地产开发商的良好信誉、房地产企业的实力、高品质的后期服务等。只有那些拥有品牌效应、良好的融资能力、稳定的财务状况的房地产企业，才能获得消费者的信赖，并利用自己的"品牌"在激烈的市场竞争中不断获得发展。

　　在激烈的市场竞争中，能够深入探究细分市场的特点，以独特的差异化市场需求产品占据市场制高点，提高品牌价值和核心竞争力的房地产企业才能获得长期发展。在未来的几年中，没有形成自己的品牌效应、没有来得及发展壮大的一部分中小型房地产企业，没有能力和大型房地产品牌企业一较高下，长期来看，将被市场竞争所淘汰。

第三节　跨产业融合创新发展，吸收优势资源

房地产业的长期发展，可以充分利用各种优势资源，关注相关产业发展，促进产业间互动，实现跨产业融合创新发展。

首先，利用互联网资源对房地产业进行管理和创新。第一，利用互联网获得"流量"，获取用户对房地产企业的关注，发挥互联网作为消费需求"入口"的作用。第二，利用互联网的数据收集功能，对购房人的购房交易数量、交易权属、购房动因、预期价格、实际价格以及贷款购房情况进行分类统计，了解购房人的信用记录，并将其作为基础分析材料来模拟现实市场的需求，同时预测未来的需求走势，从而，把握整个房地产市场动向，提前预判，规避风险。通过互联网数据分析，房地产企业还可以不断发现和挖掘消费者生活中二次消费和持续消费的需求，从延伸服务中寻找新的利润增长点。第三，在营销策划和推广之外，利用互联网思维打造智能化产品也是新的尝试。一些商业地产企业率行业之先，开始落实互联网尝试。例如，潘石屹的 SOHO3Q、骏豪地产的中央公园广场 iWORKS 等。依托互联网，从地产开发商转向运营商的尝试，也是在日益缩小的利润空间之外，寻找产业新增长点的尝试。

其次，关注环境资源和建筑业等相关行业的发展，提前关注房地产业的节能减排情况：一是能源使用工具和通道的节能减排；二是材料类的节能减排；三是主体建筑功能的节能减排。在了解相关行业动态的基础上，房地产企业可以提前做好战略规划。

再次，房地产业属于资本密集型产业，也是与金融资本息息相关的产业。我国房地产金融系统将不断健全和完善，在行业不断细分的背景下实现房地产金融

快速发展；房地产企业创新商业模式，如远洋地产与京东首次利用众筹模式售房，对房地产业来说都是很好的探索。

最后，房地产不仅具有居住或办公功能，还可以和文化创意产业合作，如文化地产等一系列新形式都可以尝试。

上述各种新尝试、新观点和新思路也是大兴区房地产业寻求发展、探索利润增长空间和持续推动社会经济发展的可行途径。

第四节　加快房地产开发经营业创新和转型，提高竞争力水平

房地产开发经营业是房地产业的重要组成部分，加快开发经营业的创新和转型，提高竞争力水平，寻求新的利润增长点，也是促进房地产业发展的可行措施。现代房地产业要适应产业的信息化、网络化转变，就必须直面当前的挑战。

传统房地产开发经营业主要关注产品的创新和设计，而在互联网影响下必须要转向关注用户的居住和社交实际需求，以及关注企业的服务属性。具体来说，一方面，房地产开发经营业要创新经营方式，扩大服务群体，通过泛地产概念扩展服务领域；另一方面，要创新盈利模式，企业可以改售为租，促进房地产业与其他行业的紧密结合，提升现代服务业的服务水平。

房地产开发经营企业应更加关注市场细分，可以基于产品结构进行细分，也可以基于商业模式进行细分。在房地产业产品类型日益丰富的当今时代，产品可以分为多种形式，如住宅（毛坯、精装、科技、绿色、集成等）、商业（购物中心、商场、独立店、街铺等）、仓储物流和工业厂房、酒店、体育文化和旅游度假物业、酒店式公寓、养老养生物业等。相对应的商业模式也在不断细分，如快速周转、持久经营、产权式委托经营、基金代持、售后返租、以租代售等。

房地产开发经营企业在进行产品细分和商业模式细分的基础上调整产品结

构，从产业整体来看则是使产品结构合理化的举措，也促进了产业优化发展。房地产开发经营业的创新和转型不仅是平衡企业现金流和盈利能力的需要，也是为了满足资本市场对企业"持续盈利、稳定增长"的要求，进而提高企业生存和发展的核心竞争力，更是对社会经济发展责任的承担，是推动产业发展的需要。

第五节　鼓励"强强联合"，减少存量房，促进良性竞争

鼓励房地产业内企业"强强联合"，减少存量房，促进业内良性竞争。房地产业是典型的资本世界，资本占据着房地产业的主导权。强者通吃是资本世界的法则。大兴区的房地产行业在经济新常态的背景下，必然也会由市场进行优胜劣汰的选择。过去的房地产业，企业更多是由于对政策的不适应而逐渐被淘汰，市场作用发挥得还不够充分。许多公司热衷于机会而不是战略性增长，在执行上，它们获得的成功大都源于"时势造英雄"式的历史机遇，这些成功的背后几乎看不到可以被复制的成功模式。

在市场制度逐渐完善、消费者需求逐渐提高的今天，市场会促使房地产业进行"强强联合"，在企业核心业务上去寻找更多可以驱动未来发展的创新形式，同时提高房地产产品销售率，进一步降低存量房。

资本的意见永远是开发商行动的重要参考，也可以在某种意义上让房地产业变得更加理性。因此，鼓励区域房地产企业进行"强强联合"，对于优化区域资源配置、优化房地产产业内部结构、减少内耗式竞争、促进区域房地产业的良性竞争具有重要作用。

第六节 优化房地产业人才结构，提高经营管理水平

房地产业长期发展，需要关注产业发展的关键要素——人才因素，优化房地产业人才结构，提高企业经营管理水平，通过人力资源推动产业发展。任何行业和企业的发展，最重要的因素就是人力资源。随着大兴区房地产业的发展以及人口结构的转变，市场和企业也相应地回归理性，要积极培养员工洞察市场变化的能力，要按市场实际需要培养人才的创新能力，提高企业的核心竞争力。房地产业以往侧重于施工管理和营销方面的人才，随着市场的发展变化，今后也要重视金融人才、营运管理人才在产业发展中的重要作用。

房地产业是包括投资、开发、经营、管理和服务等众多行业的特殊产业部门，呈现出员工年轻化、人才密集等特点。随着市场经济的发展和相关政策的实施，房地产市场逐步完善和成熟，当前的房地产业已经发展成为包含土地、建筑、转让、租赁和金融服务的多链条、多部门的重要产业，因此房地产业需要的人才构成是复杂多样的，各类人才在产业发展中的作用也都是不容忽视的。对包括大兴区房地产业在内的业内企业来说，特质型人才、核心人才、辅助型人才、通用型人才都必不可少，这些人员的管理体系、绩效考核、薪酬管理和获得难易程度都不尽相同，如表3-1所示。

表3-1 房地产业所需人才类型及获取途径

途径＼类型	特质型人才	核心人才		辅助型人才		通用型人才
	高级人员	管理人员	专业人员	技术人员	技能人员	普通人员
获得难易程度	一般企业自身不培养、市场较难获得	培训周期长、复杂，市场难获得		市场劳动力较充足，易获得		市场易获得
管理体系	基于合作	基于承诺		基于命令		基于工作效率

续表

途径＼类型	特质型人才	核心人才	辅助型人才	通用型人才
绩效考核	基于项目或团队整体绩效，考察其发挥的作用	基于战略的考核，注重其能力的提高	基于工作指标和合同要求的考核	全方位动态考核，注重其发展
薪酬管理	用团队激励计划，按合同支付薪酬	股权激励，按能力支付薪酬	计时、计件工资或合同	根据绩效支付薪酬

资料来源：曲小康，姜振剑.基于 Snell 模型的房地产企业人力资源战略规划 ［J］.山东建筑大学学报，2008，23（5）.

总之，大兴区房地产业未来的发展，需要政府部门完善产业布局和配套设施建设，同时对大兴区的基本情况加大宣传力度；需要政府部门合理引导房地产业健康发展，同时在市场机制的作用下实现企业优胜劣汰；房地产业也要有选择地吸收优势资源，促进产业间互动，实现跨产业融合创新发展；房地产开发经营业作为房地产业的重要组成部分，要加快创新与转型，提高竞争力水平；在降低存量房的问题上可通过"强强联合"实现，促进业内良性竞争；同时，应优化房地产业人才结构，提高经营管理水平。

参考文献

［1］刘欢. 2017 年女职工统一 55 岁退休可应对劳动力人口下降 ［N］. 北京日报，2015-12-03（3）.

［2］陈海波. 流动人口增速放缓居留稳定性增强 ［N］. 光明日报，2015-11-12（1）。

［3］童曙泉. 老龄人口一年增 17.4 万人，老年抚养系数为 33.3%——北京 3 名劳动力抚养一位老人 ［N］. 北京日报，2015-11-26（15）.

［4］北京大兴信息网. 大兴概况 ［EB/OL］. http：//www.bjdx.gov.cn/jrdx/dxgk/18714.htm.

［5］陈晓东，田利华. 我国航空航天产业转型升级：背景、现实与展望 ［J］. 南京财经大学学报，2012（4）.

［6］大兴统计信息网. "十二五"期间大兴区汽车制造业发展形势喜人，实现目标任重道远 ［EB/OL］. http：//www.dx.bjstats.gov.cn/sjzx/tjbg/35184.htm.

［7］大兴信息网. 大兴区国民经济和社会发展第十二个五年规划纲要 ［EB/OL］. http：//www.bj.xinhuanet.com/bjpd-wq/dx/sewgh.htm.

［8］韩跃. 战略性新兴产业空间布局研究——以北京市为例 ［D］. 首都经济贸易大学博士学位论文，2014.

［9］李坤，于渤，李清均. "躯干国家"制造向"头脑国家"制造转型的路径选择——基于高端装备制造产业成长路径选择的视角 ［J］. 管理世界，2014（7）.

［10］李卫芳. 北京都市型现代农业发展评价及对策研究 ［D］. 北京林业大学博士学位论文，2012.

［11］李永晖.北京大兴加快发展大兴科技创新服务业［EB/OL］.http：//tech.qq.com/a/20110105/000089.htm.

［12］刘琦岩.抓住科技体制改革机遇　做大做强科技创新服务业［J］.科学中国人，2012（18）.

［13］卢明华，李丽.北京电子信息产业及其价值链空间分布特征研究［J］.地理研究，2012（10）.

［14］邱灵，方创琳.北京市生产性服务业空间集聚综合测度［J］.地理研究，2013（1）.

［15］孙中伟.京津冀电子信息产业的竞合模式与转移路径研究［J］.地理与地理信息科学，2012（4）.

［16］王海林.（规划）依托区位优势建设魅力新大兴［EB/OL］.http：//bj.house.sina.com.cn/p/2005-05-18/111575104.html.

［17］王鹏.北京特色工业发展模式研究［D］.北方工业大学硕士学位论文，2008.

［18］肖勤.上海浦东生物医药产业集群研究［D］.华东师范大学硕士学位论文，2006.

［19］新浪财经.北京新机场落户大兴同步规划新航城［EB/OL］.http：//finance.sina.com.cn/china/20130319/204414884710.shtml.

［20］徐徕.产业集群与生物医药产业发展——兼论张江生物医药产业集群的培育［D］.上海社会科学院硕士学位论文，2005.

［21］杨晓东，赵建国，范建国.北京大兴区新定位的确定与实现途径探讨［J］.中国市场，2012（3）.

［22］周琦.跨国公司与北京电子信息产业集群互动关系研究［D］.北京工业大学硕士学位论文，2010.

［23］大兴生物医药产业基地.发展规划［EB/OL］.http：//www.bjcbp.com.cn/web/cbp/zwgk/fzgh/.

［24］搜房网.立足新空港　奠基新大兴［EB/OL］.http：//news.fang.com/

2013-01-24/9431111.htm.

［25］新浪网.北京新机场今日开工［EB/OL］. http：//sky.news.sina.com.cn/2014-12-26/111356934.html.

［26］张慧.国家新媒体产业基地发展战略研究［D］.北京建筑大学硕士学位论文，2014.

［27］陈爱雪.我国战略性新兴产业发展研究［D］.吉林大学博士学位论文，2013.

［28］高铭泽.中国新能源汽车产业研究［D］.吉林大学硕士学位论文，2013.

［29］孙静毅.徐汇滨江地区功能定位与产业规划研究［D］.华东理工大学硕士学位论文，2011.

［30］李双久.房地产业与国民经济发展的国际比较研究［D］.吉林大学博士学位论文，2007.

［31］杨阳.北京市房地产市场景气循环研究［J］.中国市场，2013（48）.

［32］刘运文，韩大涛.房地产投资对经济发展的影响［J］.南宁职业技术学院学报，2013（2）.

［33］大兴区房地产开发市场供需分析［EB/OL］.大兴信息统计网，http：//www.dx.bjstats.gov.cn/sjzx/tjbg/32863.htm，2013-12-19.

［34］生态涵养［EB/OL］.北京大兴信息网，http：//www.bjdx.gov.cn/jrdx/dxgk/sthy/index.htm，2014-06-29.

［35］北京出台《促进城市南部地区加快发展行动计划》［EB/OL］.新华网，http：//news.xinhuanet.com/local/2009-11/05/content_12389521.htm，2009-11-05.

［36］Robert T. Clemen. Correlations and Copulas for Decision an Risk Analysis［J］. Management Science，1999，45（2）.

［37］曲小康，姜振剑.基于Snell模型的房地产企业人力资源战略规划［J］.山东建筑大学学报，2008，23（5）.